A minha Bíblia

Texto de Rosa Mediani
Ilustrações de Silvia Colombo

Dados Internacionais de Catalogação na Publicação (CIP)
(Câmara Brasileira do Livro, SP, Brasil)

Mediani, Rosa
A minha Bíblia / texto de Rosa Mediani ; ilustrações de Silvia
Colombo ; tradução José Bortolini. -- São Paulo : Paulinas, 2019.

Título original: La Bibbia raccontata ai ragazzi
ISBN 978-85-356-4519-4

1. Bíblia - Uso por jovens 2. Histórias bíblicas I. Colombo, Silvia.
II. Título.

19-26655   CDD-220.0835

Índice para catálogo sistemático:

1. Bíblia para jovens   220.0835

Cibele Maria Dias - Bibliotecária - CRB-8/9427

Título original: *La Bibbia raccontata ai ragazzi*
© 2018 Edizioni San Paolo s.r.l. - Piazza Soncino 5, 20092
Cinisello Balsamo (Milano) - Itália www.edizionisanpaolo.it

1ª edição – 2019
1ª reimpressão – 2022

Direção-geral: *Flávia Reginatto*
Editora responsável: *Vera Ivanise Bombonatto*
Tradução: *José Bortolini*
Copidesque: *Ana Cecilia Mari*
Coordenação de revisão: *Marina Mendonça*
Revisão: *Sandra Sinzato*
Gerente de produção: *Felício Calegaro Neto*
Ilustrações: *Silvia Colombo*
Produção de arte: *Tiago Filu*

Nenhuma parte desta obra poderá ser reproduzida ou transmitida
por qualquer forma e/ou quaisquer meios (eletrônico ou mecânico,
incluindo fotocópia e gravação) ou arquivada em qualquer sistema ou
banco de dados sem permissão escrita da Editora. Direitos reservados.

Paulinas
Rua Dona Inácia Uchoa, 62
04110-020 – São Paulo – SP (Brasil)
Tel.: (11) 2125-3500
http://www.paulinas.com.br – editora@paulinas.com.br
Telemarketing e SAC: 0800-7010081
© Pia Sociedade Filhas de São Paulo – São Paulo, 2019

ANTES DE COMEÇAR

Queridos leitores,

Entregando em suas mãos esta edição da Bíblia, planejada exatamente para vocês, Paulinas expressa a própria missão: viver e comunicar a todos, nas modalidades mais diferentes, a Palavra que Deus dirigiu ao mundo.

Vocês têm em mãos não uma "Bíblia ilustrada", como muitas por aí, mas que apresenta algumas características próprias:

– Em primeiro lugar, quisemos narrar não só as passagens bíblicas mais conhecidas – como a criação, o dilúvio, a travessia do mar Vermelho –, mas também aquelas que talvez sejam menos conhecidas e que, todavia, formam o fio vermelho do amor de Deus por seu povo, também quando o Senhor precisa enfrentar a fragilidade, a dureza e as desobediências de Israel.

– Em segundo lugar, quisemos que as ilustrações fossem uma espécie de "primeiro comentário" do texto, onde também os pormenores adquirem um valor que ajuda a refletir, pensar, compreender.

– Por fim, procuramos mostrar como cada livro da Bíblia participa de uma única história dentro da qual também nós – vocês, leitores, igualmente incluídos – temos um papel a desempenhar.

Nosso fundador, o Bem-aventurado Tiago Alberione, gostava de afirmar que a Bíblia é a mais bela carta que Deus escreveu para a humanidade, e seria lastimável deixar os anos passarem sem lê-la ou, pior, sem ao menos abri-la. Faço votos de que esta edição possa ajudá-los a captar sua beleza e força, para que, hoje e amanhã, a Bíblia possa ser para vocês uma companheira de viagem, juntamente com o Deus que habita em cada frase dela.

Boa leitura.

Padre Valdir José de Castro
Superior-geral da Sociedade São Paulo

ANTIGO TESTAMENTO

A CRIAÇÃO

No princípio a terra estava deserta e sem forma. A escuridão e as águas a envolviam, e acima de tudo pairava o Espírito de Deus.

No primeiro dia, Deus disse: "Faça-se a luz". E a luz abriu o caminho na escuridão apavoradora, expulsando as trevas.

Então o Senhor separou luz e trevas: à luz deu o nome de "dia" e às trevas chamou "noite".

No segundo dia, Deus criou a abóbada celeste. As nuvens apareceram pela primeira vez na atmosfera, e das nuvens caíram a chuva e a neve.

No terceiro dia, Deus juntou todas as águas, chamando-as "mar", e fez emergir o seco, chamando-o "terra". Assim, tiveram origem os oceanos e continentes, o chão se cobriu de ervas, flores e árvores frutíferas. As árvores cresceram em direção ao céu e as florestas tomaram conta da terra.

No quarto dia, Deus criou imensas lâmpadas no céu: o sol para iluminar o dia e a lua e as estrelas para iluminar a noite.

No quinto dia, Deus criou os animais que vivem nas águas e os que vivem nos ares. Os mares, rios e lagos se encheram de peixes de todo tipo, e nos ares apareceram bandos de pássaros.

No sexto dia, Deus disse: "Seres vivos de toda espécie habitem a terra". E surgiram os animais selvagens e os domésticos, os bem pequenos e os muito grandes.

A terra já estava pronta para receber o ser humano. Deus disse: "Vamos fazer o ser humano à nossa imagem e semelhança". Assim, Deus criou o homem e a mulher, e os abençoou, dizendo: "Amem-se e sejam fecundos, habitem a terra e deem nome a todas as criaturas".

O primeiro homem chamou-se Adão, e a primeira mulher, Eva.

Deus viu que tudo o que ele criou era bom.

Sua obra estava acabada.

No sétimo dia, Deus não trabalhou, dedicando-o ao descanso.

ADÃO E EVA NO JARDIM

Deus plantou um jardim no lado oriental. Fez Adão e Eva habitarem aí, para que o cultivassem e o guardassem. O jardim estava cercado por quatro rios, e do chão brotavam árvores produzindo frutos que podiam ser comidos. No meio do jardim havia duas árvores: a árvore da vida e a árvore do conhecimento do bem e do mal. O homem e a mulher podiam comer todos os frutos do jardim, exceto os frutos da segunda árvore. "Não devem comer, não podem sequer tocá-los! Caso contrário, vocês morrerão". Essa era a ordem de Deus.

A serpente, a mais astuta e invejosa de todas as criaturas, disse à mulher: "Com certeza vocês não morrerão! Conhecerão o bem e o mal, e se tornarão semelhantes a Deus".

Eva não resistiu, apanhou da árvore um fruto e comeu, a seguir deu-o a Adão, que também comeu.

Quando escutaram os passos do Senhor no jardim, o homem e a mulher ficaram com medo e correram para se esconder. Deus esperava que admitissem o próprio erro, porém, eles começaram a pôr a culpa um no outro, acusando a serpente.

Deus os puniu expulsando-os do jardim e dizendo a Adão: "Você obterá o alimento trabalhando duramente". E a Eva: "Você vai dar à luz em meio a muitos sofrimentos". E, por fim, à serpente: "Você se arrastará pelo chão e um dia um filho de mulher esmagará você".

CAIM E ABEL

Adão e Eva tiveram dois filhos: Caim e Abel. O primeiro cultivava os campos, e o segundo pastoreava o rebanho. Os dois apresentaram ao Senhor os frutos do seu trabalho: Abel, o melhor do rebanho, Caim, os frutos comuns da terra. Deus deu mostras de apreciar as ofertas de Abel, porém não se agradou das ofertas de Caim.

Deus viu que o ciúme aumentava no coração de Caim. E lhe disse: "Qual o motivo do seu abatimento? Se você fizer bem, bem terá; porém, se fizer mal, o pecado não deixará você em paz".

Mas o ciúme do irmão transformou-se em ódio, até que certo dia Caim convidou Abel para que o acompanhasse até a roça. E o matou.

Apavorado com aquilo que fizera, Caim fugiu desesperado.

Crendo estar sendo perseguido pelo céu e pela terra, a fim de que morresse, vagava sem ter paz e, aonde quer que fosse, sentia sobre si o olhar invisível de Deus.

Mas o Senhor proibiu a todos de matar Caim, colocando nele um sinal, para que ninguém, encontrando-o, o matasse.

Para defender-se, Caim construiu a primeira cidade. A violência tornou-se lei para todos os seus habitantes.

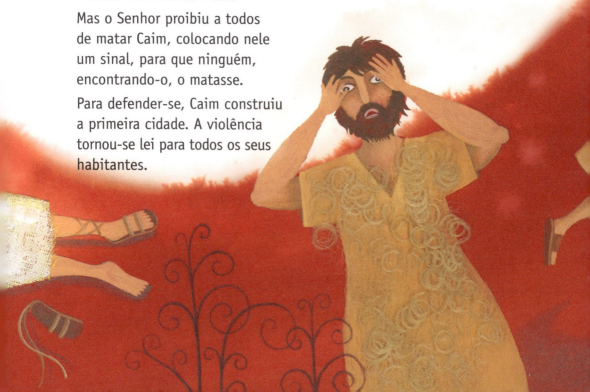

O GRANDE DILÚVIO

Quando a maldade humana alcançou o ápice, entristecido Deus disse: "Quero eliminar os seres humanos e tudo o que criei".

Mas, entre tantos seres humanos maus, havia um homem justo: Noé, que atraiu a sua benevolência.

Deus ordenou a Noé a construção de uma arca – um grande navio com reboco de piche – e nela fazer entrar um casal de todas as espécies de animais. Por fim, na arca entrou a família de Noé: a esposa, os filhos Sem, Cam e Jafé com as respectivas esposas.

Tendo entrado todos, o próprio Deus lacrou a porta da arca. A seguir, o céu se abriu e as águas se derramaram sobre a terra. Choveu durante quarenta dias e quarenta noites: os rios transbordaram, os mares invadiram os continentes, e as águas subiram muito, a ponto de cobrir os montes mais altos. Todo ser que habitava a superfície da terra foi arrastado e ninguém se salvou. Somente a arca boiava sobre as águas tempestuosas.

A seguir, a chuva cessou, as águas foram baixando e a arca, intacta, pousou no topo de uma montanha.

Noé enviou, para reconhecimento, vários pássaros, um após outro. Por fim, uma pomba voltou à arca com um raminho de oliveira no bico, sinal de que a terra voltara a brotar. Então, Noé saiu da arca junto com a família e, tendo construído um altar de pedras, ofereceu um sacrifício para agradecer a Deus. O Senhor aprovou a oferta e disse: "Até que a terra durar, não haverá mais dilúvio".

A TORRE DE BABEL

A terra foi ficando exuberante, e os seres humanos se multiplicaram e se estabeleceram numa vasta planície. Eram um único povo, e todos falavam a mesma língua.

Fundaram uma cidade chamada Babel, totalmente construída com tijolos de argila. No centro da cidade quiseram erguer uma torre capaz de tocar o céu. Disseram uns aos outros: "Será o sinal da nossa união e da nossa força".

Mas esse não era o projeto de Deus, que, vendo o perigo de tanta soberba, decidiu confundir as línguas dos construtores. De repente, ninguém mais compreendia o que dizia o companheiro de trabalho, ninguém podia dar ordens e ninguém podia executá-las.

O canteiro da torre acabou abandonado e as pessoas se dispersaram por toda a terra.

ABRAÃO OLHA O CÉU

Entre as famílias dispersadas sobre a face da terra, havia a família de um descendente de Set, filho de Noé, que se estabelecera em Harã, na Mesopotâmia. O nome dele era Abraão. Deus chamou-o e disse: "Saia da sua terra, deixe a casa do seu pai e vá para um país que eu lhe mostrarei". Abraão, que na época do chamado já tinha setenta e cinco anos, reuniu seus rebanhos e seus pastores e partiu com a esposa Sara.

Tendo chegado à terra de Canaã, Deus falou novamente a Abraão: "Levante os olhos e olhe ao longe: todo o país que está vendo eu vou dar a você e seus descendentes". Abraão respondeu com tristeza: "Senhor, o que me dará? Eu e minha esposa somos idosos e não temos herdeiros". Deus acrescentou: "Sara vai lhe dar um filho. Olhe o céu e, se conseguir, conte as estrelas: assim será o povo que nascerá de você".

E Abraão acreditou na promessa do Senhor.

Mas o tempo passava sem nada acontecer. Então Sara sugeriu a Abraão que tivesse um filho com sua escrava Agar, pois eles o adotariam, fazendo-o crescer. Mas, quando se viu grávida, Agar começou a sentir-se mais importante que sua patroa, e as duas mulheres acabaram brigando. Agar fugiu para o deserto, mas um anjo do Senhor a socorreu perto de uma fonte e a convidou a voltar ao acampamento. Agar deu à luz um bebê que recebeu o nome de Ismael.

Mas Deus estabelecera que o filho da promessa deveria nascer de Sara.

OS TRÊS VISITANTES

Num dia quente, enquanto Abraão estava sentado à entrada da sua tenda montada em Mambré, repentinamente apareceram três homens. Abraão correu ao encontro deles, oferecendo-lhes sua hospitalidade, convidando-os a se alimentar e descansar.

"Dentro de um ano Sara terá um filho", anunciaram as três personagens misteriosas. Sara, que escutava à sombra da tenda, começou a rir, pensando que na sua idade seria impossível ter uma criança, porém ouviu uma resposta: "Nada é impossível para Deus".

Um ano mais tarde, Sara deu à luz um bebê. Os pais o chamaram de Isaac, nome que na língua da Bíblia significa "sorriso".

Após o nascimento de Isaac, a rivalidade entre Sara e Agar recomeçou. Desta vez, Sara pretendia que o marido expulsasse a serva e seu filho. Abraão estava entristecido, porém, sabia que o Senhor iria cuidar deles. Deu água e provisões a Agar e a mandou embora com a criança. Quando ela se perdeu no deserto, um anjo veio em seu socorro, dizendo: "Não tenha medo, ouvi o choro do seu filho; ele não vai morrer, e o Senhor lhe dará grande descendência". E a conduziu à água e à salvação. Ismael cresceu e tornou-se pai de um povo numeroso que habitava no deserto.

O SACRIFÍCIO DE ISAAC

Quando Isaac estava bem crescido, Deus quis pôr à prova a fidelidade de Abraão. Disse-lhe: "Abraão! Tome seu filho Isaac e vá para a região de Moriá. Sobre o monte que eu indicar, você imolará a criança, oferecendo-a em sacrifício". Abraão ficou desconsertado com o pedido de Deus, mas acordou o filho e os servos; selou o jumento e o carregou de lenha.

A seguir, pegou a faca e se pôs a caminho.

"Pai" – disse-lhe Isaac –, "temos o fogo e a lenha, mas não vejo o cordeiro que oferecerá em sacrifício".

"Deus providenciará", respondeu Abraão.

Depois de três dias de viagem, chegaram ao monte. Abraão preparou um altar com as pedras, e sobre ele pôs a lenha. Em seguida amarrou Isaac, estendeu-o sobre a lenha e pegou a faca. Quando estava para desferir o golpe, um anjo do Senhor o deteve, dizendo: "Abraão, não toque em Isaac, não lhe faça mal! Agora sei que você ama o Senhor mais que qualquer outro".

Abraão levantou os olhos e viu ali perto um cordeiro enroscado, em uma moita, pelos chifres.

Tomou-o e o ofereceu em sacrifício em lugar de Isaac.

JACÓ E ESAÚ

Chegado à idade adulta, Isaac casou-se com uma prima distante chamada Rebeca. Quando Abraão morreu, Isaac herdou seus bens. Ele podia considerar-se um homem rico e feliz, mas também no seu casamento os filhos não vinham. Após longos anos, Deus ouviu as orações do casal e nasceram gêmeos: Esaú e Jacó.

Os dois irmãos eram muito diferentes. Esaú, o primogênito, gostava de caçar e da vida em campo aberto, e por isso o pai se orgulhava dele. Jacó, ao contrário, preferia ficar no acampamento, e era o preferido da mãe.

Certo dia, voltando da caça, Esaú encontrou Jacó ocupado em preparar para si uma sopa de lentilhas. Esaú disse: "Me dê sua sopa! Estou morto de cansaço". "Só se você me der seus direitos de primogênito", respondeu Jacó. De fato, segundo a tradição, ao primeiro filho pertencia a bênção do pai, que o tornava herdeiro dos seus bens e das promessas de Deus. Esaú estava com fome, então, respondeu sim ao irmão, e depois se esqueceu daquilo que disse num momento de superficialidade.

Isaac estava velho e não enxergava mais. E pensou que chegara a hora de dar a bênção a Esaú. Por isso disse ao filho: "Vá caçar por mim, e prepare-me um prato de caça silvestre. Traga-o a mim e eu lhe darei minha bênção".

Rebeca escutou tudo e decidiu favorecer Jacó: mandou-o pegar dois cabritinhos, matou-os e, rápida, cozinhou saboroso prato de carne: "Vá levá-lo a seu pai, e ele abençoará você".

Jacó entrou tremendo na tenda de Isaac. O pai pediu que se aproximasse: queria tocá-lo a fim de ter certeza de que era Esaú, que era muito peludo. Rebeca tinha previsto isso, e cobriu os braços e o pescoço de Jacó com o couro dos cabritinhos. Isaac gostou da comida preparada e disse: "Me dê um beijo, meu filho". Jacó o beijou e obteve a bênção.

Pouco depois, Esaú voltou da caça. Correu ao pai e, quando soube o que havia acontecido, compreendeu a gravidade da sua renúncia. Começou a soluçar e gritou: "Pai, abençoa também a mim".

Porém, nada mais podia ser feito: Isaac não podia retirar a bênção dada a Jacó. Esaú ficou furioso e só pensava em vingar-se do engano do irmão. Rebeca, temendo pela vida de Jacó, aconselhou-o a fugir para longe: "Vá a meu irmão Labão em Harã. Case-se e volte somente quando estiver acalmada a cólera de Esaú".

Jacó partiu e, depois do pôr do sol, parou a fim de dormir. Sonhou com uma longa escada que, partindo da terra, alcançava o céu; por essa escada, subiam e desciam anjos. No sonho, Deus lhe disse: "Eu sou o Deus de Abraão e de Isaac. Darei a você e a seus filhos a terra sobre a qual você está deitado, e o protegerei aonde quer que você vá".

Jacó consagrou ao Senhor esse lugar e fez voto de fidelidade a Deus.

A LUTA NA ESCURIDÃO

Tendo chegado a Labão, Jacó se apaixonou pela bela prima Raquel e, quando pediu ao tio para casar com ela, este concordou, mas em troca Jacó deveria trabalhar para ele como pastor durante sete anos.

Finalmente, celebrou-se o casamento: com grande surpresa de Jacó, a esposa não era Raquel, mas Lia, irmã mais velha. "As irmãs mais jovens não podem casar-se antes das mais velhas", disse Labão. "Sirva-me outros sete anos, e então poderá casar também com a minha outra filha." Jacó amava muito Raquel, e por ela serviu ao tio outros sete anos. Com Lia teve muitos filhos, e somente um com Raquel: José.

Por vinte anos, Jacó esteve a serviço do tio, e em todo esse tempo o Senhor o protegeu, tornando-o muito rico.

Em seguida, o Senhor disse a Jacó: "Volte para a sua pátria: eu estarei com você". Então Jacó partiu com suas mulheres, seus filhos, camelos e seu rebanho para o país de Canaã.

Agora Jacó devia enfrentar a fúria do irmão Esaú, mas, fortalecido pela promessa de Deus, enviou presentes ao irmão, a fim de reconciliar-se com ele.

Chegados a um ponto da travessia, Jacó fez passar à outra margem a família, os servos e o rebanho. Já escurecera, e quando ele estava para atravessar, eis que um homem postou-se à frente dele. Lutaram a noite toda e, quando chegou o alvorecer, o desconhecido perguntou-lhe: "Como você se chama?". "Jacó!" "A partir de agora você se chamará Israel, e também seus descendentes, porque você combateu com Deus e venceu." Em seguida o abençoou.

Quando os dois irmãos se encontraram, abraçaram-se e fizeram as pazes. Jacó dirigiu-se para a casa natal, onde o pai o esperava. Durante a viagem, nasceu o segundo filho de Raquel: Benjamim, mas, para grande dor de Jacó, a mãe morreu durante o parto.

JOSÉ E SEUS IRMÃOS

Entre os numerosos filhos de Jacó, o preferido pelo pai era José, por isso os outros irmãos tinham ciúme dele.

Com frequência, José tinha sonhos estranhos. "Sonhei que estávamos no campo amarrando feixes. De repente, meu feixe se pôs de pé, enquanto os de vocês se inclinavam", disse certa vez aos irmãos. Em outra ocasião, José contou haver sonhado que o sol, a lua e onze estrelas se inclinavam diante dele. Jacó o repreendeu: "O que significam esses sonhos? Acaso pensa tornar-se rei e nós todos deveremos reverenciar você?". Mas, em seguida, pôs-se a refletir sobre a questão. Os sonhos poderiam ser profecias enviadas por Deus. Os irmãos, ao contrário, passaram a odiá-lo e juraram eliminá-lo, logo que fosse possível. Certa ocasião, enquanto pastoreavam o rebanho longe do acampamento, viram José chegando: "Eis o sonhador! Vamos matá-lo, e assim veremos para qual objetivo lhe servem os sonhos".

Tiraram-lhe a roupa e o lançaram em uma cisterna seca.

Passou uma caravana de mercadores rumo ao Egito, e um dos irmãos sugeriu vender José como escravo.

Depois, tomaram a túnica dele, a sujaram com o sangue de um cabritinho e a levaram ao pai. Jacó, reconhecendo a roupa do filho, desatou a chorar: "Um animal feroz devorou meu filho predileto, e nada me consolará!". Jacó canalizou todo o seu afeto para Benjamim, último nascido da amada Raquel.

OS SONHOS DO FARAÓ

No Egito, os mercadores venderam José a Putifar, chefe dos guardas do faraó. Putifar percebeu que o jovem escravo hebreu era inteligente e instruído, e confiou-lhe a administração dos seus bens. Enquanto José estava a serviço deles, a mulher de Putifar apaixonou-se por ele. Por causa da lealdade para com o patrão, José recusou as propostas dela.

Mas, ofendida, a mulher, como vingança, acusou o jovem diante do marido: "Estávamos a sós em casa, e ele procurou aproveitar-se de mim!". Não podendo demonstrar a própria inocência, José acabou na cadeia.

Aí se encontravam também o chefe dos copeiros e o chefe dos padeiros do faraó. Certa noite, eles sonharam. O copeiro sonhara que espremia na taça do faraó a uva de uma videira com três ramos. O padeiro, por sua vez, sonhara estar carregando na cabeça três cestos cheios de pão, que os pássaros vinham bicar. José interpretou os respectivos sonhos: passados três dias, o copeiro seria reconduzido à corte, ao passo que o padeiro seria enforcado. E assim aconteceu.

Passaram-se dois anos e o faraó teve um sonho estranho. Convocou seus adivinhos e disse: "Vi sair das águas do Nilo sete vacas gordas e, logo depois, sete vacas magérrimas que devoravam as primeiras. Depois vi surgir sete espigas cheias e exuberantes, mas junto delas surgiram sete espigas secas e chochas que devoraram as outras".

Mas ninguém soube explicar o sonho. Então, o chefe dos copeiros se lembrou de José e falou com o faraó.

José foi chamado à corte, escutou a narração do faraó e depois disse: "Deus está mostrando a você aquilo que está para acontecer. Haverá sete anos de grande abundância e depois sete anos de carestia terrível. Você precisa escolher um homem sábio, para que faça provisões nos anos de abundância, de modo a ter reservas de alimento durante a carestia".

Admirado, o faraó confiou a José a tarefa e o nomeou governador do Egito.

José tinha trinta anos. Visitou os territórios do faraó e construiu enormes celeiros em todas as cidades e, durante os anos de abundância, fez acumular o trigo.

Como predito, os sete anos de abundância foram seguidos pelos anos de carestia. Então José mandou abrir os celeiros e salvou da fome o Egito.

OS FILHOS DE ISRAEL NO EGITO

A carestia atingiu também a terra de Canaã, e os irmãos de José foram obrigados a descer ao Egito para comprar trigo. Chegados à presença do governador, se inclinaram à sua frente, sem reconhecê-lo.
Ao contrário, José os havia reconhecido e, para submetê-los à prova, tratou-os como espiões. Interrogou-os e permitiu-lhes adquirir trigo e voltar a casa somente na condição de que um dos irmãos, Simeão, ficasse como refém. "Voltem com o mais jovem de vocês, que ficou em casa. Assim, terei a prova de que não são espiões, e eu lhes devolverei o irmão".

Quando Jacó ficou sabendo daquilo que acontecera, desesperou-se: "José não existe mais, Simeão não existe mais. Agora querem levar embora também Benjamim! Não, este filho não partirá!".

Mas a carestia continuava, e Jacó viu-se obrigado a deixar que os filhos voltassem ao Egito para comprar trigo, permitindo que Benjamim os acompanhasse.

José estava esperando por eles e, logo que os irmãos chegaram ao palácio, quis imediatamente conhecer Benjamim.

Em seguida, convidou-os a um banquete e ordenou que lhes fossem servidos pratos especiais como sinal de benevolência. Mas, no dia seguinte, os pôs novamente à prova, acusando-os de um roubo que eles não haviam cometido e ameaçando tomar Benjamim como escravo.

Abalados, os irmãos recearam estar sendo atingidos pela justiça de Deus; com efeito, nunca se esqueceram de terem vendido José aos mercadores como escravo. Desta vez, recusaram-se a abandonar o menor e, quando Judá se ofereceu como escravo em lugar de Benjamim, José compreendeu que de fato os irmãos haviam mudado.

Então, comovido, deu-se a reconhecer: "Eu sou José! Digam-me, meu pai ainda está vivo?".

Ele os abraçou, perdoou o mal recebido e os convidou a se instalarem no Egito, pois a carestia duraria ainda cinco anos.

Jacó acreditava estar sonhando, quando lhe disseram que seu filho predileto estava vivo e era o mais poderoso funcionário do Egito.

MOISÉS, SALVO DAS ÁGUAS

No Egito, os descendentes dos filhos de Jacó se tornaram povo numeroso. O novo faraó esqueceu-se daquilo que José fizera para salvar da carestia o reino e, temendo que os hebreus pudessem tornar-se mais poderosos que os egípcios, os escravizou e os obrigou a trabalhar na construção das suas cidades. Mas, apesar das fadigas e do duro trabalho, o povo de Israel continuava crescendo.

Então, o faraó ordenou atirar ao Nilo todos os recém-nascidos hebreus do sexo masculino. Porém, uma mãe conseguiu ocultar o seu bebê, e para salvá-lo o acomodou num cesto impermeável com piche, e o depositou entre os juncos do Nilo.

Quando a filha do faraó desceu ao Nilo com suas servas, viu o cesto e a criança que chorava. Pensou: "É um bebê hebreu", e encheu-se de compaixão. Chamou-o Moisés, que significa "salvo das águas", e o criou como filho.

Tendo-se tornado adulto, Moisés quis visitar os canteiros onde os israelitas trabalhavam como escravos. Mas, quando viu um egípcio batendo num hebreu, golpeou o egípcio tão fortemente, que ele morreu.

Apavorado com as consequências do seu gesto, Moisés fugiu para longe, onde a punição do faraó não poderia alcançá-lo.

Tendo chegado ao país de Madiã, pôs-se a serviço do sacerdote Jetro, casando-se com uma de suas filhas.

UMA SARÇA QUE ARDE

Certo dia, Moisés estava apascentando o rebanho do sogro no monte Horeb, quando viu uma sarça queimando sem se consumir. Muito admirado, aproximou-se a fim de observar melhor, e ouviu uma voz que gritava: "Eu sou o Deus dos seus pais. Vi os sofrimentos do meu povo e vim para libertá-lo. Vá ao faraó e ordena-lhe fazer sair os israelitas do Egito".

"Quem sou eu para ordenar algo desse porte ao faraó?", disse Moisés assustado.

"Não tenha medo, eu estarei com você. Golpearei o Egito com o meu poder e o faraó deverá fazer vocês partirem", disse o Senhor.

"Mas o que direi aos israelitas quando me perguntarem quem me enviou?"

"Você responderá que Eu-Sou enviou você para que os reconduza à terra que prometera aos pais deles."

Moisés obedeceu, voltou ao Egito, e o Senhor pôs ao lado dele o irmão Aarão para ajudá-lo na missão.

Moisés explicou aos hebreus que o Senhor havia escutado a oração deles e iria libertá-los da escravidão.

OS CASTIGOS

Moisés e Aarão se apresentaram ao faraó e pediram que deixasse os hebreus partirem. "Quem é o Senhor para que eu deva obedecer à sua voz? E quem farei trabalhar no lugar desses meus escravos?", respondeu o faraó, e ordenou que os hebreus fossem tratados ainda mais duramente. Como havia predito, para dominar o orgulho do faraó, Deus enviou ao Egito sinais terríveis do seu poder.

Ao toque do bastão de Aarão, as águas do Nilo se transformaram em sangue, os peixes morreram e do rio levantou-se um odor nauseante. Mas o faraó não mudou de opinião, e Deus mandou outro castigo: uma multidão de rãs invadiu o país, introduzindo-se nas casas.

O faraó deu a impressão de estar cedendo, mas a seguir voltou a perseguir os hebreus. Então, Aarão com seu bastão tocou o pó da terra, e o pó se transformou em nuvens de mosquitos. O faraó prometeu deixar partir o povo de Israel, porém, mais uma vez não manteve a promessa e imediatamente enxames de mutucas encheram o Egito.

Os castigos continuaram sempre mais dolorosos. Os animais domésticos dos egípcios adoeceram, e cavalos, asnos, camelos, bois e ovelhas morreram aos milhares, porém, o rei não cedia.

Moisés arremessou aos ares um punhado de cinzas, e imediatamente a pele dos egípcios se cobriu de úlceras.

Sequer o granizo que caiu violentamente sobre cidades e campos, os enxames de gafanhotos que devoraram as colheitas, e as trevas que cobriam todo o Egito conseguiram vencer a obstinação do faraó. A cada exigência para deixar Israel partir, o faraó respondia não, e a cada novo castigo o seu coração se endurecia sempre mais.

A PÁSCOA

Deus disse a Moisés: "Vou enviar contra o Egito o último castigo, depois disso o faraó deixará vocês partirem sem exigências". Ordenou que cada família hebraica sacrificasse e assasse um cordeiro e, com o sangue, fossem marcadas as portas das casas. "Vocês o comerão às pressas, prontos para partir. Na noite eu passarei e ferirei todo primogênito da terra do Egito. Onde eu vir o sangue nas portas, passarei adiante."

Os hebreus fizeram como havia ordenado o Senhor e ficaram de prontidão, vestindo as roupas de viagem. À meia-noite, das casas dos egípcios se elevaram gritos lancinantes: o anjo do Senhor ferira de morte todos os primogênitos, do filho do faraó ao filho do mais humilde habitante do Egito.

O faraó mandou chamar Moisés e suplicou-lhe para que fizesse o povo partir naquela mesma noite.

"Vão embora! Caso contrário, morreremos todos", gritavam os egípcios, e os carregavam de dons a fim de apressar a sua partida.

Os hebreus recolheram rapidamente todos os seus pertences e deixaram o Egito, onde viveram por mais de quatrocentos anos.

Deus os libertara da escravidão e os conduzia à nova terra. Aquela noite foi recordada para sempre como a Páscoa do Senhor. Com efeito, Páscoa significa "passagem".

Durante a viagem, uma nuvem imensa, que produzia sombra de dia e luz de noite, indicava o caminho aos hebreus.

Mas o faraó, arrependido porque os deixou partir, com o exército se pôs a persegui-los. Quando os hebreus estavam acampados nas encostas do mar Vermelho, viram surgir no horizonte os carros do faraó e seus cavaleiros. Moisés os tranquilizou, dizendo: "O Senhor combaterá por vocês". Estendeu seu bastão sobre o mar, levantou-se forte vento e as águas se dividiram. Os hebreus caminharam no fundo seco entre duas muralhas de água, alcançando a margem oposta.

Os perseguidores se aventuraram pelo mesmo caminho, certos de alcançá-los, mas, quando estavam no meio do mar, Moisés estendeu novamente o bastão e as águas se fecharam com estrondo sobre o exército egípcio. O povo de Israel viu o poder do Senhor e acreditou nele e em Moisés.

NO DESERTO

A alegria da liberdade não durou muito tempo.

O caminho no deserto era cansativo e as provisões eram sempre escassas. Os hebreus começaram a lamentar-se com Moisés e Aarão: "Quando estávamos no Egito, comíamos à saciedade. Por que nos conduziram a este deserto para morrer de fome?".

Mas Deus veio em socorro deles. "Farei chover pão do céu", disse a Moisés. "De manhã, cada um deve recolher o suficiente para um dia." Na manhã seguinte, depois que o orvalho evaporou, na superfície do deserto restaram pequenos grãos brancos com o sabor de farinha misturada com mel: era o maná, e com ele o Senhor os nutriu por toda a viagem rumo à terra prometida.

Quando a sede apertou, começaram a protestar: "Vocês nos conduziram para fora do Egito para fazer-nos morrer de sede?".

Paciente, Deus novamente veio em socorro deles.

Ordenou a Moisés que golpeasse com seu bastão um grande bloco de pedra, e daí jorrou água para dessedentar a todos.

"O Senhor está ou não em nosso meio?", disse-lhes Moisés.

Deus não os abandonou nem mesmo quando tiveram de enfrentar Amalec e seus predadores, fazendo os hebreus vencerem a batalha guiados pelo jovem Josué.

Mas, nas contrariedades da viagem, os hebreus continuaram a lamentar a vida de escravos, não compreendendo que Deus os amava, tornando-os livres e cuidando deles.

AS DEZ PALAVRAS

Três meses após a saída do Egito, chegaram ao deserto do Sinai, aos pés do monte Horeb, onde Moisés havia visto a sarça queimar sem consumir-se, e aí acamparam.

Moisés dirigiu-se sozinho ao alto da montanha envolvida nas nuvens. O Senhor desceu sobre a montanha e falou a Moisés com voz de trovão, pronunciando estas dez palavras:

"Eu sou o Senhor, seu Deus. Você não terá outros deuses fora de mim.

Você não fará ídolos e não se prostrará diante deles.

Você não pronunciará inutilmente o nome do Senhor.

Durante seis dias você trabalhará, mas o sétimo dia é em honra do Senhor.

Honre seu pai e sua mãe.

Não mate.

Não cometa adultério.

Não roube.

Não pronuncie falso testemunho contra seu próximo.

Não deseje a casa de outro, nem sua mulher, nem suas coisas".

Moisés ficou quarenta dias na montanha em diálogo com Deus, e recebeu das mãos dele as tábuas nas quais estavam gravadas as dez palavras. Deus deu a Moisés muitas outras leis que regulavam a vida comum, as festas e os ritos.

O BEZERRO DE OURO

O povo, vendo que Moisés não regressava, disse a Aarão: "Agora, quem nos guiará? Vamos dar um rosto a Deus e façamos uma estátua que possamos ver e tocar". Então Aarão ordenou que trouxessem todos os objetos de ouro que se encontravam nos bolsos deles, fundiu-os e forjaram a imagem de um bezerro.

Quando o ídolo foi elevado acima do altar, as incertezas deles desapareceram: "Eis quem nos fez sair da terra do Egito!", e adoraram o bezerro. Houve sacrifícios, danças e cantos.

Assim os encontrou Moisés, quando desceu do monte. Diante desse espetáculo, ficou furioso: arremessou por terra as tábuas da lei, pulverizou o ídolo e puniu severamente os culpados. Não haviam aprendido a resistir, ainda que por poucos dias, sem um guia.

Moisés sentiu pesar pela fraqueza deles, e subiu novamente ao monte para implorar o perdão de Deus.

O Senhor disse: "É um povo teimoso, que esquece os meus ensinamentos, mas, por amor a você, farei como pede: eu vos perdoarei e os conduzirei à terra prometida". Deus ordenou a Moisés esculpir novamente as tábuas da lei e renovou a sua aliança com Israel.

A ARCA DA ALIANÇA

Quando Moisés voltou ao acampamento, mandou construir uma arca para conservar as tábuas da lei. A arca era uma caixa de madeira, inteiramente revestida de ouro, e sobre a tampa havia dois anjos esculpidos.

Quando o povo de Israel viajava, era carregada nos ombros dos sacerdotes, e ninguém podia tocá-la. Nas paradas, quando o povo de Deus acampava, a arca era guardada numa tenda, chamada tenda da reunião.

A TERRA DE CANAÃ

Os hebreus retomaram a marcha no deserto e finalmente chegaram nas proximidades da terra de Canaã, a terra prometida.

Moisés enviou doze exploradores, um para cada tribo de Israel, para que fizessem um relatório dos povos que a habitavam. Após quarenta dias, os homens regressaram carregados de frutos: romãs, figos, um enorme cacho de uva... Narraram, maravilhados, uma terra onde "corre leite e mel", exatamente como falavam as antigas narrativas. Mas disseram também: "Nossos inimigos são poderosos, vivem em cidades cercadas por muralhas altas. Nunca conseguiremos vencê-los".

Dentre eles, somente Caleb e Josué estavam confiantes: "Não devemos ter medo, o Senhor está conosco. Conquistaremos as cidades deles!".

Mas não eram ouvidos.

Apavorados, os hebreus começaram a lamentar-se entre si: "Por que o Senhor nos trouxe até aqui para fazer-nos morrer? Busquemos um novo chefe e voltemos ao Egito!".

Irado, o Senhor disse: "Até quando esse povo me desrespeitará? Todos aqueles que, apesar de terem visto os meus prodígios, não acreditaram em mim, não entrarão na terra que prometi a seus antepassados".

Os hebreus vagaram por quarenta anos pelo deserto, até que todos aqueles que não confiaram no Senhor acabaram morrendo.

Os hebreus jamais esqueceram o que aconteceu a seus pais e contaram aos filhos e aos filhos dos seus filhos os milagres, as rebeliões, os castigos daquela longa história, e contaram também como o Senhor, vez por vez, os perdoou.

Quando chegaram aos confins da terra prometida, Moisés já estava velho e percebia que o seu fim se aproximava. Nomeou Josué seu sucessor, pois foi sempre fiel a Deus: "Seja forte e não tenha medo", disse-lhe. "O Senhor caminha à sua frente e não o abandonará."

Em seguida, subiu ao monte Nebo, de onde contemplou demoradamente a terra prometida, agradeceu ao Senhor os imensos favores recebidos e adormeceu na paz dos justos.

Depois que Moisés morreu, não houve ninguém com quem o Senhor tenha falado face a face.

JOSUÉ, O CONDUTOR

Deus disse a Josué: "Você será o condutor dos filhos de Israel na terra que prometi a eles. Se confiar em mim, você irá derrotar todos os inimigos".

Josué se preparou para atravessar o rio Jordão e conquistar a terra de Canaã. Deu ordens a todos para que fizessem provisões de comida e estivessem prontos. Depois, chamou dois homens e encarregou-os de entrar às ocultas na primeira cidade que iriam encontrar no seu caminho.

Era a fortaleza de Jericó, cercada por altas muralhas e bem defendida.

Os dois espiões chegaram à cidade de noite e se refugiaram num quarteirão mal-afamado, na casa de uma mulher chamada Raab.

A chegada dos dois estrangeiros levantou suspeitas no rei de Jericó, e ele enviou soldados para prendê-los. Raab imediatamente escondeu os espiões no terraço e disse aos soldados: "Já foram embora. Se correrem atrás deles, talvez ainda consigam apanhá-los".

Depois que os soldados foram embora, ela foi tranquilizar os dois: "Sabemos que o Deus de vocês realizou grandes prodígios e o destino desta cidade está escrito. Jurem para mim que, quando a conquistarem, vocês tratarão com bondade a mim e a minha família". Eles juraram e entregaram à mulher uma fita vermelha para ser posta na janela da sua casa, como sinal de reconhecimento durante a batalha. Depois fugiram, descendo pela muralha com a ajuda de uma corda.

Chegados ao acampamento, os espiões disseram a Josué: "Os habitantes de Jericó já estão tremendo, sabendo que vamos nos aproximando". Então, Josué deu a todos a ordem de partir. Chegados à encosta do Jordão, disse aos sacerdotes: "Peguem a arca da Aliança e caminhem à frente do povo".

O Jordão estava para transbordar, mas, assim que os sacerdotes entraram no rio com a arca, repetiu-se o prodígio do mar Vermelho: as águas se dividiram e o longo cordão de israelitas atravessou o leito seco do rio. Era a Páscoa, e os hebreus a celebraram na planície diante de Jericó.

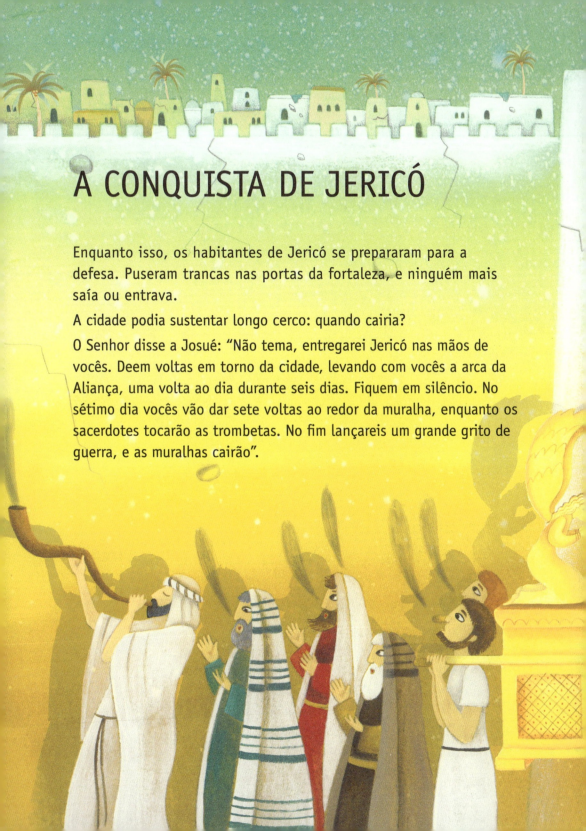

A CONQUISTA DE JERICÓ

Enquanto isso, os habitantes de Jericó se prepararam para a defesa. Puseram trancas nas portas da fortaleza, e ninguém mais saía ou entrava.

A cidade podia sustentar longo cerco: quando cairia?

O Senhor disse a Josué: "Não tema, entregarei Jericó nas mãos de vocês. Deem voltas em torno da cidade, levando com vocês a arca da Aliança, uma volta ao dia durante seis dias. Fiquem em silêncio. No sétimo dia vocês vão dar sete voltas ao redor da muralha, enquanto os sacerdotes tocarão as trombetas. No fim lançareis um grande grito de guerra, e as muralhas cairão".

Assim aconteceu. No sétimo dia, terminada a sétima volta, Josué disse ao povo: "Gritem porque o Senhor entrega a vocês a cidade!". Quando gritaram, as muralhas desmoronaram em suas bases e Israel penetrou na cidade. Jericó foi destruída e, segundo a promessa, somente a casa de Raab foi poupada por ter reconhecido o poder do Senhor.

NA TERRA PROMETIDA

Após a queda de Jericó, sob o comando de Josué, o exército de Israel continuou vitorioso o seu avanço na terra prometida, conquistando outras cidades.

Grande medo espalhou-se entre os reis da terra de Canaã, e eles decidiram aliar-se para derrotar esses novos invasores.

Mas o Senhor disse a Josué: "Não tenha medo. Ninguém resistirá à sua frente".

A batalha estourou diante da cidade de Gabaon.

O exército de Israel estava para vencer, mas o sol já se punha, e a noite poderia favorecer os inimigos. "Pare, sol", gritou Josué.

E, como por milagre, a luz daquele dia durou até a vitória total.

Assim, aos poucos, os hebreus tomaram posse da terra que Deus lhes havia prometido. Josué, segundo a vontade do Senhor, destinou a cada uma das doze tribos uma parte do território conquistado.

Josué já podia retirar-se, deixando que cada tribo se governasse por própria conta. Quando sentiu a morte próxima, reuniu o povo do qual havia sido o corajoso condutor e, com solene juramento, o fez renovar a promessa de servir o único Deus verdadeiro.

O povo jurou: "Serviremos ao Senhor nosso Deus, e não o abandonaremos para servir a outros deuses".

Josué morreu e foi sepultado na serra de Efraim.

OS JUÍZES

Depois da morte de Josué, todas as tribos de Israel viviam num território próprio, sem um guia que conservasse todo o povo unido. Assim, com o decorrer do tempo, aconteceu muitas vezes de os hebreus esquecerem o juramento feito ao Senhor e as leis que Moisés havia dado a eles. Erguiam estátuas ao deus Baal e adoravam os ídolos estrangeiros. Quando isso acontecia, o Senhor os abandonava em mãos dos muitos inimigos que pressionavam nas fronteiras das suas terras.

Mas quando Israel se arrependia e pedia perdão, Deus concedia força e coragem a homens chamados "juízes", para que salvassem e libertassem seu povo.

Dentre os muitos juízes, recordamos Gedeão e Sansão. Houve também uma mulher, Débora, que salvou Israel não com a força das armas, mas com o poder dos sábios conselhos.

GEDEÃO

Certo dia, o Senhor falou a Gedeão, um agricultor, e lhe disse: "Vá libertar Israel dos madianitas". Mas Gedeão respondeu: "Senhor, eu não sou forte e corajoso. Minha família é pobre e eu sou o mais jovem de todos". O Senhor respondeu: "Não tenha medo, eu estarei com você e derrotará os madianitas como se fossem um só homem".

Então Gedeão reuniu um exército de trinta e dois mil homens. O Senhor disse: "Você tem muita gente: quero mostrar a Israel que a vitória depende unicamente da minha intervenção. Ordene que os medrosos voltem atrás". Vinte e dois mil homens voltaram atrás. "Ainda são muitos. Leve-os a uma fonte. Aqueles que beberem a água levando-a à boca com a mão, ponha-os de lado, e ponha do outro lado aqueles que beberem ajoelhados".

Gedeão obedeceu e o Senhor disse: "Trezentos homens beberam na concha da mão, e com estes eu libertarei vocês dos madianitas".

O exército madianita estava acampado por perto. Gedeão usou de esperteza. Tendo anoitecido, entregou a cada um dos trezentos homens uma trombeta e uma ânfora, dentro da qual havia sido posta uma tocha acesa. "Façam aquilo que me virem fazer."

Cercado o campo inimigo, a um sinal de Gedeão, tocaram as trombetas, quebraram as ânforas e ergueram as tochas gritando todos juntos. Os madianitas acordaram de sobressalto e pensaram ter sido atacados por grande exército. Tomados de pânico, combateram às cegas entre eles e, por fim, fugiram desordenadamente.

Após essa extraordinária vitória, os hebreus queriam eleger rei a Gedeão. Mas ele respondeu: "Eu não serei o rei de vocês, somente o Senhor comandará sobre vocês". E retirou-se à própria casa.

SANSÃO

Depois que Gedeão morreu, muitos juízes conduziram Israel.

Mas os israelitas voltaram a adorar os ídolos, e o Senhor, para puni-los, os fez cair por quarenta anos sob o poder dos filisteus, guerreiros vindos do mar.

Mais uma vez o Senhor enviou um juiz libertador.

Seu nascimento foi anunciado aos pais mediante um anjo: "Vocês o consagrarão a Deus, e seu cabelo nunca será cortado". O menino foi chamado Sansão e cresceu alto e robusto. Sua força incrível logo o tornou famoso, embora ninguém conhecesse o segredo. Certo dia, no campo, foi atacado por um leão, mas Sansão o agarrou e matou, sem armas, sem nada nas mãos.

Sansão se apaixonou por uma mulher filisteia e quis casar com ela. Mas seu casamento logo se transformou em motivo de contrastes, e o sogro obrigou a filha a casar com outro homem.

Furioso, Sansão pôs fogo nos campos dos filisteus, prontos para a colheita. Para se vingar, os filisteus mataram a mulher de Sansão e o pai dela.

A partir desse momento, houve guerra entre Sansão e os filisteus.

Os filisteus o queriam nas mãos, e os hebreus, aterrorizados com as ameaças dos dominadores, suplicaram-lhe que se fizesse amarrar e entregar-se prisioneiro. Sansão aceitou, mas, quando os filisteus estavam prestes a pegá-lo, arrebentou as cordas que o amarravam, agarrou a mandíbula de um jumento e, com ela, sozinho, assassinou mais de mil inimigos e depois fugiu.

Novamente Sansão se apaixonou por uma mulher filisteia, Dalila, que amava somente o dinheiro, e por isso os príncipes filisteus lhe propuseram: "Descubra de onde lhe vem a força, e nós cobriremos você de riquezas". Dalila pôs mãos à obra e tentou de todas as formas descobrir o segredo de Sansão. Por três vezes Sansão se divertiu inventando respostas fantasiosas, mas finalmente abriu para ela o coração: "Minha força está no cabelo. Nunca foi cortado, porque sou consagrado a Deus. Se me cortassem o cabelo, perderia a força".

Enquanto Sansão dormia, Dalila ordenou a um homem cortar o cabelo dele; a seguir gritou: "Sansão, os filisteus estão em cima de você! Acorde!".

Sansão acordou e pensou: "Sairei dessa, como sempre faço; com certeza não me terão em suas mãos".

Não sabia que o Senhor se afastara dele.

Os filisteus o prenderam com correntes, furaram os seus olhos e o puseram a girar a moenda como jumento.

O tempo ia passando e o cabelo de Sansão começou a crescer.

Certo dia, os príncipes filisteus quiseram dar grande festa em honra do deus Dagon, para agradecer-lhe a captura do inimigo mais perigoso. O templo se encheu de gente, e, para aumentar a diversão, chamaram Sansão e o obrigaram a se fazer de palhaço para eles. Quando, no fim, foi acompanhado entre as colunas, Sansão fingiu querer descansar, e rezou: "Senhor, lembre-se de mim, dê-me ainda força para esta vez somente".

Com as mãos, procurou os dois pilares sobre os quais o templo se firmava, estendeu os braços, retesou os músculos e gritou: "Morra Sansão com os filisteus!".

O templo de Dagon ruiu, sepultando a todos debaixo dos entulhos. Morrendo, Sansão matou mais inimigos do que em toda a sua vida.

RUTE, A MOABITA

No tempo que o povo de Israel era governado pelos juízes, houve terrível carestia, e muitos hebreus emigraram.

Também Elimelec de Belém partiu com a mulher Noemi e os filhos para uma região de Moab, do outro lado do Jordão.

Os anos passaram. Elimelec morreu e morreram também seus filhos, que nesse ínterim haviam casado com duas moças do lugar, Orfa e Rute. Noemi e as duas noras estavam sozinhas. Noemi pensava com saudades na pátria distante, e, quando ficou sabendo que a carestia havia terminado, pôs-se a caminho de Belém com as noras.

Caminhando, Noemi pensou: "Acaso é justo que essas duas mulheres venham comigo?". Então disse: "Voltem para sua mãe. Vocês foram boas para mim. O Senhor lhes conceda encontrar tranquilidade e novo marido". Chorando, beijou uma após outra. Orfa se afastou, mas Rute quis seguir Noemi: "Não me obrigue a deixá-la. Aonde você for, eu também irei. Seu povo será o meu, o seu Deus será o meu Deus".

Noemi e Rute chegaram a Belém na época da ceifa.

"Se você permitir", disse Rute a Noemi, "irei pelos campos recolher as espigas de trigo que caíram das mãos dos ceifadores, assim teremos alimento para matar a fome." E, por acaso, foi ao campo de Booz, parente distante de Elimelec.

Quando a viu, Booz quis saber quem era a jovem estrangeira.

"É a nora de Noemi, aquela que regressou com ela da região de Moab", ouviu como resposta.

Impressionado pela bondade e beleza de Rute, convidou-a a não ir a outros campos. Ordenou a seus ceifeiros tratá-la respeitosamente e de propósito deixar cair espigas para que Rute pudesse recolhê-las abundantemente.

Quando Noemi ficou sabendo, ficou muito contente e encorajou a nora a voltar ao campo de Booz. No fim da ceifa, Booz reconheceu que amava Rute e pediu-a em casamento.

A lei permitia e todos se alegraram com eles.

E chegou o dia no qual em Belém uma notícia correu de boca em boca: "Rute teve um filho!". Noemi ficou feliz com esse nascimento que a recompensava por tanta dor. O menino chamou-se Obed: dele nasceria Jessé, pai de Davi, o grande rei de Israel.

SAMUEL É CHAMADO POR DEUS

Um casal ia todos os anos em peregrinação ao santuário de Silo, onde estava guardada a arca da Aliança.

A mulher vivia muito triste porque não tinha filhos, e chorando rezava: "Senhor, não se esqueça de mim. Se me der o filho que desejo, eu o consagrarei a você". Eli, o sacerdote do santuário, vendo-a cheia de dores, a consolou, dizendo: "Vá em paz. O Deus de nossos antepassados ouvirá sua oração".

No ano seguinte, os pais carregavam no colo a criança tão esperada: deram-lhe o nome de Samuel. Crescido, segundo a promessa feita, conduziram-no ao santuário e o confiaram a Eli.

O idoso sacerdote tinha dois filhos ávidos e prepotentes, que eram para ele causa de muitos desgostos, e se afeiçoou muito ao pequeno Samuel.

Certa noite, enquanto dormia junto à arca santa, Samuel acordou sobressaltado. Alguém o estava chamando: "Samuel, Samuel!". "Eis-me aqui!", respondeu, e correu a Eli: "Você me chamou?".

"Não, meu filho, volte a dormir", disse-lhe Eli.

Mas a voz o chamou novamente: "Samuel!". E novamente Samuel correu para junto de Eli. "Eu não chamei você, volte a dormir", disse Eli.

Quando a voz acordou Samuel pela terceira vez, Eli disse ao rapaz: "Se você escutar de novo a voz que o chama, responda: 'Fale, Senhor, o seu servo o escuta'".

A voz chamou e Samuel respondeu: "Fale, Senhor, o seu servo o escuta". Então Deus lhe falou: "Em Israel acontecerão coisas pavorosas, os filhos de Eli morrerão e também ele partirá, porque não puniu seus filhos pelo mal cometido. Ao amanhecer, Samuel estava triste por causa do seu mestre ancião, e, quando lhe transmitiu a mensagem, Eli disse resignado: "Deus faça o que deseja! Ele é justo". Os filisteus combateram contra os israelitas e os derrotaram, matando-os aos milhares, inclusive os dois filhos de Eli.

Quando Eli ficou sabendo, morreu de dor.

Passaram-se os anos e Samuel foi constituído juiz de Israel. Sob seu comando, o povo voltou novamente a servir ao Senhor e a derrotar os inimigos.

O PRIMEIRO REI

Samuel era amado por todos, mas, quando chegou à velhice, os israelitas, temendo ficar sem guia, lhe pediram: "Dê-nos um rei que nos governe como o têm todas as outras nações". Samuel ficou enfurecido: somente Deus podia ser o rei de Israel, mas eles insistiam.

O Senhor disse: "Escute-os; não se fiam de mim, dê-lhes um rei. Eu indicarei a você um homem". No dia seguinte, Samuel encontrou Saul, da tribo de Benjamim, e Deus disse: "Eis o rei... É ele". E Samuel ungiu-lhe a cabeça com azeite, símbolo do poder e da força de Deus, a fim de que governasse sabiamente e defendesse Israel dos inimigos.

Saul venceu muitas batalhas e governou por alguns anos com coragem e bondade, mas, com o tempo, tornou-se soberbo e quis agir de sua própria cabeça. Samuel o reprovou várias vezes, porém o rei não lhe dava ouvidos.

DAVI, O PASTOR

Samuel andava entristecido por causa de Saul, mas o Senhor lhe disse: "Deixe de se preocupar por Saul. Não reinará mais sobre Israel. Encha de azeite o seu chifre e vá a Belém, ao encontro de Jessé, pois dentre seus filhos escolhi um rei".

Ele foi secretamente à casa de Jessé, examinou os filhos dele, um por um, perguntando mentalmente: "Senhor, o seu escolhido está entre esses?". "Não leve em conta o semblante e a estatura. Eu julgo o coração. O meu escolhido não está entre esses!", respondeu-lhe Deus. Então Samuel perguntou a Jessé: "Estão aqui todos os seus filhos?". "Está faltando o menor; está apascentando o rebanho", respondeu o pai. Foram chamá-lo e, quando o rapaz chegou, a voz de Deus disse a Samuel: "É ele". Samuel o ungiu rei, e a partir desse momento o Espírito do Senhor esteve sobre Davi.

Saul continuava reinando, mas o Senhor o abandonara e Samuel não lhe dirigia mais a palavra. O rei se sentia sempre mais triste e angustiado, e frequentemente era protagonista de cenas terríveis. "Quem sabe a música poderia distraí-lo", pensaram seus servos que ficaram sabendo ser Davi hábil tocador de cítara. O jovem pastor foi chamado à corte e, quando o rei afundava-se na ira ou na melancolia, Davi tocava a harpa e cantava para ele. Nesses momentos a paz voltava ao coração do rei, e Saul acabou afeiçoando-se ao rapaz.

A DERROTA DO GIGANTE GOLIAS

A guerra com os filisteus começou mais uma vez. Golias – um gigantesco guerreiro filisteu – lançou um desafio: "Escolham um homem somente que venha a medir-se comigo. Se me matar, todos os filisteus serão escravos de vocês". Dia após dia, ele se apresentava à frente do acampamento de Israel e repetia essas palavras, mas ninguém tinha coragem de enfrentá-lo, nem mesmo Saul.

Quando Davi escutou o desafio do gigante, apresentou-se a Saul, dizendo: "Eu irei combater!". "Não pode! Você é muito jovem e não é um guerreiro", respondeu o rei. "O Senhor deu-me força para enfrentar e matar os leões e os ursos que assaltavam meu rebanho, ele me salvará também desse filisteu". Comovido, Saul fez Davi usar a armadura dele. Mas o capacete e a couraça eram muito grandes para ele e o incomodavam. Tirou-os e, armado apenas com o cajado de pastor e com a funda, foi ao riacho, pegou cinco pedras bem torneadas e dirigiu-se ao encontro do inimigo.

Quando Golias o viu à sua frente, zombou dele e avançou consciente da própria força. Imediatamente Davi pôs uma pedra na funda e arremessou. Foi um instante... a pedra atingiu Golias na testa tão fortemente a ponto de derrubá-lo no chão. Com um salto, Davi estava sobre o inimigo, arrancou-lhe a espada do flanco e com ela decepou sua cabeça. Os filisteus, vendo morrer seu gigantesco campeão, fugiram perseguidos pelos israelitas.

A notícia da vitória de Davi se espalhou num piscar de olhos. As mulheres saíram de todas as cidades de Israel dançando e cantando: "Saul, o grande rei, matou mil, mas Davi, dez mil!". Quando ouviu esse canto, Saul ficou desconfiado: "O que isso significa? A Davi falta somente o reino para ser considerado rei em meu lugar".

O FIM DE SAUL

Todos olhavam Davi com afeto e admiração: até Jônatas, filho de Saul, tornou-se seu amigo, e Micol, a filha menor, se apaixonou por ele. Saul tornou-se cada vez mais ciumento de Davi e chegou a odiá-lo muito a ponto de mostrá-lo abertamente.

Certo dia, num momento de raiva, arremessou a lança contra Davi que cantava para ele e, depois disso, buscou várias vezes fazê-lo morrer, obrigando-o a cumprir tarefas perigosas.

Davi compreendeu que perto de Saul a sua vida correria sempre perigo e se refugiou no deserto com um pequeno exército de fiéis companheiros.

Durante anos, Saul caçou Davi, e ele continuou fugindo. Mas não procurou vingar-se. Certo dia, durante uma perseguição, Saul entrou sozinho numa caverna, e não percebera que no fundo estavam Davi e os seus. Sem deixar que o descobrissem, Davi cortou a barra do manto de Saul e, depois que o rei saiu da caverna e se afastou com seus soldados, Davi o chamou, tremulando o pedaço de manto: "Por que me persegue? Olhe! Eu poderia ter matado você, mas tive compaixão de você. Jamais levantarei a mão contra o meu rei. O Senhor seja o árbitro entre mim e você!".

Vendo-o, Saul chorou e compreendeu que Davi era uma pessoa melhor que ele e o Senhor lhe teria dado o reino. Apesar disso, continuou caçando-o.

Entrementes, Samuel morreu e todo o Israel o chorou, pois desaparecera um grande profeta.

Os filisteus retomaram a guerra e, durante uma batalha, mataram o filho do rei, Jônatas, e a seguir feriram Saul. O rei, temendo acabar nas mãos dos inimigos, atirou-se sobre a própria espada e morreu.

Quando um mensageiro anunciou a morte de Saul e do amigo Jônatas, Davi desatou a chorar e, em honra deles, compôs um belíssimo canto.

DAVI, REI DE ISRAEL

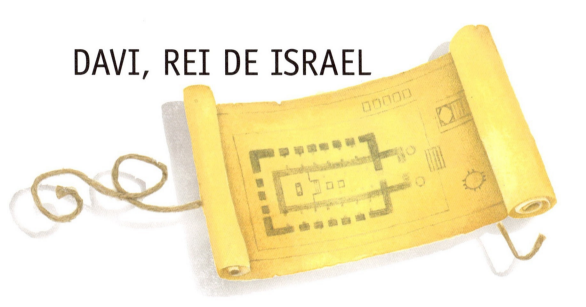

Depois da morte de Saul, Davi foi reconhecido como rei por todas as tribos de Israel. Durante seu reinado, os inimigos foram pouco a pouco derrotados, e os reis dos povos vizinhos lhe enviaram embaixadas com ricos presentes em sinal de amizade. Davi conquistou Jerusalém, tornando-a capital do reino, e mais tarde para ela transferiu a arca da Aliança, sinal da presença de Deus. Um cortejo festivo acompanhou a arca transportada pelos sacerdotes. O rei em pessoa a precedia, dançando. E o povo aclamava o Senhor ao som das trombetas.

Mas Davi pensava não ter feito o suficiente para o Senhor, que desde sempre lhe manifestara a sua benevolência. Mandou chamar o profeta Natã e disse: "Eu moro num esplêndido palácio real, e o Senhor debaixo de uma tenda! Quero construir um templo para guardar a arca".

Naquela mesma noite, o Senhor falou a Natã: "Você dirá isto a meu servo Davi: não quero uma casa, mas quero ser uma casa para ele! Fiz dele um grande rei, mas não será ele a edificar-me um templo, seu filho fará isso. Mas prometo a ele que sua descendência e seu reino estarão firmes para sempre. Se fizer o mal eu o punirei, mas jamais deixarei de amá-lo".

Todo o povo admirava e amava Davi por causa da sua bondade.

Mas – sabemos – perseverar no bem é muito difícil. Numa tarde ensolarada, enquanto seus soldados estavam na guerra, do terraço do palácio real Davi viu uma mulher muito bela tomando banho: era Betsabeia, a mulher de Urias, um general do seu exército.

Davi a quis para si e, para realizar seu plano, enviou Urias à linha de frente contra os inimigos a fim de que morresse na batalha.

Davi tomou Betsabeia como esposa e ela lhe deu um filho.

Mas aquilo que Davi fizera estava errado.

O Senhor enviou o profeta Natã para que contasse esta história ao rei: "Havia dois homens, um rico e outro pobre. O rico tinha ovelhas e bois em quantidade, o pobre tinha somente uma ovelhinha. Chegou uma visita à casa do rico e ele, para preparar-lhe um banquete, foi pegar a ovelha do pobre e a matou".

"Diga-me quem é esse homem! Merece ser punido", gritou Davi.

E o profeta: "Esse homem é você".

Davi reconheceu sua culpa e pediu perdão: "Tenha piedade de mim, ó Deus, por sua grande misericórdia, por sua imensa bondade apague meu pecado. Lave-me e ficarei mais branco que a neve".

Para grande dor de Davi e Betsabeia, o bebê deles morreu, mas, depois de algum tempo, tiveram outro filho, chamado Salomão, que se tornou o preferido do Senhor.

A REBELIÃO DE ABSALÃO

O Senhor perdoou Davi, mas sua família, a partir daquele momento, foi para ele motivo de muitos desgostos. Entre os numerosos filhos, nascidos de várias esposas, desencadearam-se ciúme e rivalidades sem que o pai pudesse impedir.

Absalão nutria ódio mortal pelo irmão Amnon, a ponto de, certo dia, durante um banquete, ordenar a seus servos que o matassem. Como poderia apresentar-se ao pai depois de ter matado Amnon, o filho predileto, o herdeiro do trono? Absalão fugiu para longe, a fim de evitar o castigo. Mas não deixava de ser filho, e depois de três anos exilado, Davi quis fazer as pazes com ele. O coração do rei era sincero, mas Absalão já se sentia seguro de si, e desejava apenas tomar o lugar do pai.

Extremamente belo, com um longo cabelo que descia sobre os ombros, ele percorria a cidade de Jerusalém, semeando discórdia, atiçando os habitantes contra Davi. "O rei não escuta vocês. Se eu estivesse no lugar dele, saberia muito bem administrar com justiça", dizia.

Quando acreditou ter o povo do lado dele, rebelou-se abertamente, pôs-se à frente de um exército e se fez proclamar rei.

Davi estava triste por causa da traição do filho, mas, a fim de evitar a qualquer custo uma guerra com ele, abandonou Jerusalém a pé, acompanhado por todo o povo que continuara fiel a ele. Não apenas o palácio real, mas também a cidade, ficaram vazios, e Absalão entrou sem combater.

No fim, o choque foi inevitável. Os rebeldes foram derrotados e Absalão fugiu através do bosque sobre o lombo de um jumento. O longo cabelo, do qual ele se orgulhava, acabou enroscado entre a ramagem de um carvalho e aí o encontraram os soldados de Davi.

"Não façam mal a Absalão", recomendara Davi a seus generais, antes da batalha. Mas eles, pensando que o reino nunca estaria em segurança enquanto ele estivesse vivo, mataram-no sem piedade.

Recebendo a notícia da morte do filho, Davi chorou desesperadamente, a ponto de dar a impressão de que ele era o derrotado e não o vencedor.

Nos últimos anos do seu reinado, Davi enfrentou carestias e pestilências, mas permaneceu sempre fiel ao Senhor.

Recordando-se da promessa do Senhor, nomeou Salomão, o filho que teve com Betsabeia, seu sucessor, e depois morreu em paz.

Reinara durante quarenta anos. Foi o verdadeiro fundador do reino de Israel e fez de Jerusalém a sua capital político-religiosa.

Não foi apenas um grande rei, mas também poeta e músico. As orações que ele compôs são parte do livro dos Salmos, e ainda são rezadas porque sabem falar ao coração das pessoas e de Deus.

SALOMÃO, UM REI SÁBIO

Salomão tinha apenas dezessete anos quando se tornou rei. Amava o Senhor e era por ele amado. Certa noite, o Senhor apareceu em sonho a Salomão e lhe disse: "Peça o que quiser, e eu o concederei a você".

"Eu sou apenas um rapaz", respondeu Salomão, "como poderei governar com justiça este povo em lugar de meu pai? Conceda-me, lhe peço, um coração que saiba distinguir o bem do mal."

"Visto que não me pediu riqueza e glória, não só concederei a você um coração sábio e inteligente, mas também tudo aquilo que você não pediu."

Salomão tornou-se rei sábio, rico e poderoso.

Certo dia, foram a ele duas mães, e uma delas disse: "Escute, meu rei, eu e esta mulher moramos na mesma casa. Demos ambas à luz um filho, menino. Durante a noite o filho dela morreu e, enquanto eu dormia, ela pegou o meu menino e agora diz que é dela. Quero de volta meu bebê".

"Não é verdade!", gritava a outra com o pequeno nos braços. "Esta criança é minha! Seu filho é o morto!" E continuavam brigando.

Não havia testemunhas que tivessem presenciado o fato, como seria possível estabelecer a verdade?

Salomão ordenou: "Tragam uma espada, dividam o menino em dois e deem a metade a cada uma".

Uma das duas, desatando em lágrimas, gritou: "Não matem o meu bebê, é melhor que o deem a ela". A outra, pelo contrário: "É justo, não será de nenhuma de nós!". Então, Salomão disse: "Deem o bebê à primeira que falou, pois é ela a mãe verdadeira".

A CONSTRUÇÃO DO TEMPLO

Graças ao governo sábio de Salomão, seus súditos viveram na paz e prosperidade. O rei assinou acordos e alianças com os povos vizinhos e as guerras nas fronteiras do reino cessaram. Os comércios por terra e por mar despejaram grandes riquezas em Israel.

Foi Salomão quem construiu o templo de Jerusalém.

Milhares e milhares de homens foram empregados para entalhar a preciosa madeira de cedro procedente das florestas do Líbano, para extrair a pedra das montanhas e preparar grandes blocos esquadrinhados dos alicerces. O rei em pessoa dirigia e supervisionava os trabalhos.

Foram necessários três anos para preparar os materiais e sete anos para a sua construção, mas, quando estava acabado, o templo era uma construção majestosa, algo jamais visto antes. Dentro dele só podiam entrar os sacerdotes, e o povo ficava no grande pátio, onde havia um altar para as ofertas e uma grande bacia redonda, apoiada sobre doze bois de bronze, para a água das abluções.

Quando chegou o momento, Salomão fez trazer a arca que continha as tábuas que Deus havia entregado a Moisés no monte Horeb. Foram realizados sacrifícios de animais e, com solene procissão, a arca foi introduzida no Santo dos Santos, a sala mais sagrada e oculta de todo o templo.

Quando os sacerdotes saíram, uma nuvem invadiu o templo, sinal de que o Senhor tomara posse da sua casa.

Então Salomão rezou: "Senhor, escute todo aquele que rezar neste lugar. E, se acaso vier um estrangeiro, atenda-o". Depois abençoou o povo e houve grande festa.

No silêncio da noite, depois que o rei adormeceu, Deus apareceu novamente a Salomão: "Escutei sua oração e escolhi este lugar como casa. Meus olhos estarão abertos, meus ouvidos ficarão atentos às orações de vocês. Porém, se abandonarem minhas leis e servirem aos deuses, eu os arrancarei da minha terra e os abandonarei".

A RAINHA DE SABÁ

A fama de Salomão se espalhara pelo mundo inteiro.

Também a rainha de Sabá ouvira falar da sabedoria e inteligência do rei de Israel e quis conhecê-lo. Partiu da península arábica onde se situava o reino dela, com uma caravana de centenas de elefantes e camelos carregados de ouro, joias e perfumes.

Salomão a recebeu com todas as honras, e a rainha ficou impressionada com a beleza de Jerusalém e do templo. Admirou o modo com o qual o reino era administrado e, por fim, interrogou Salomão acerca de muitas coisas, e ele respondeu a todas as perguntas dela, também as mais difíceis. No fim, a rainha exclamou: "Era verdade tudo o que ouvi falar de você. Bendito seja o Senhor seu Deus que o fez rei!".

Os dois soberanos trocaram magníficos presentes, e a rainha voltou a seu país.

O REINO DIVIDIDO

Como os soberanos do seu tempo e como também seu pai Davi, Salomão tinha muitas mulheres. Eram mulheres estrangeiras, filhas de poderosos reis aliados que, chegadas a Israel, continuaram oferecendo sacrifícios a seus deuses, fazendo construir altares e templos.

Esses cultos pagãos se haviam espalhado entre o povo e o próprio Salomão, não obstante sua sabedoria, tornando-se idoso e frágil, assistia a esses ritos.

O Senhor disse a Salomão: "Visto que você não me foi fiel e não seguiu minhas leis, arrancarei dos seus descendentes o reino e o entregarei a um servo seu. Mas, por respeito à promessa feita a Davi, permitirei que em Jerusalém reine seu filho".

Depois da morte de Salomão, o reino se dividiu em dois; o reino de Israel no Norte, formado por dez tribos e tendo Samaria como capital, e ao Sul o reino de Judá, constituído por duas tribos e com Jerusalém por capital. Muitas vezes o povo e seus reis caíram no pecado da idolatria, afastando-se de Deus. Mas, a ambos os reinos, o Senhor enviou profetas, homens que falavam em nome dele e ensinavam seus caminhos.

Samaria

O PROFETA ELIAS

No tempo de Acab, rei de Israel, Deus mandou o profeta Elias anunciar: "Por três anos não cairá do céu uma gota d'água porque você, ó rei, abandonou a lei do Senhor e adorou deuses falsos".

A seguir, Elias encontrou refúgio numa gruta. Aí se nutria com o alimento que os corvos mandados por Deus lhe levavam pela manhã e de tarde, e bebia água do riacho perto dali. Entretanto, por causa da ausência de chuva, abateu-se sobre o país terrível carestia, e também o riacho secou.

Então, Deus ordenou a Elias que se dirigisse à cidade de Sarepta. Às portas da cidade, Elias encontrou uma viúva que recolhia lenha, e pediu-lhe água e pão. "Não tenho pão, somente um pouco de farinha e azeite. Quero cozinhar esse resto para mim e meu filho, e depois nos deixaremos morrer de fome", respondeu a mulher. "Não se preocupe", disse Elias, "faça um pãozinho também para mim e lhe garanto que até o fim da carestia não faltará nada para você".

A mulher obedeceu, e assim aconteceu: os três comeram abundantemente e o profeta ficou hospedado na casa deles também nos dias sucessivos, mas as provisões na despensa nunca diminuíram.

Certo dia, o filho da viúva adoeceu gravemente e morreu.

A mulher estava abalada pela dor, porém, Elias se pôs a rezar: "Senhor, essa mulher foi boa comigo, devolva a vida ao filho dela". E o menino voltou a respirar.

OS SACERDOTES DE BAAL

Após três anos de estiagem, Elias se apresentou ao rei Acab e o desafiou, dizendo: "Reúna o povo no monte Carmelo. Faça preparar duas pilhas de lenha, e sobre cada uma eu e os sacerdotes de Baal ofereceremos animais. Ninguém acenderá o fogo. Os sacerdotes de Baal invocarão o deus deles, e eu invocarei o nome do Senhor. O Deus que enviar o fogo para consumir o sacrifício é o verdadeiro Deus".

Diante do povo de Israel reunido, quatrocentos e cinquenta sacerdotes de Baal começaram o rito gritando suas preces em alta voz. Gritaram do amanhecer ao meio-dia, mas ninguém respondia. Elias zombava deles: "Gritem mais alto, quiçá o Deus de vocês é surdo". Agitaram ainda mais..., porém do céu não descia uma centelha sequer.

Então Elias disse: "Deus de Israel, mostre que é o Deus verdadeiro, e saibam todos que eu sou o seu servo e faço isso em seu nome".

Eis que então um fogo desceu do céu e num instante queimou a lenha e o boi sacrificado. Todos se ajoelharam e disseram: "O Senhor é o verdadeiro Deus".

Com o arrependimento, também a tão esperada chuva chegou. Foi Elias quem a anunciou. Subiu o monte Carmelo junto com um servo, e lá no alto começou a rezar. Depois ordenou ao servo: "Olhe do lado do mar e me diga o que está vendo". "Vejo chegando uma nuvem muito pequena." "Vamos embora", respondeu Elias, "é a chuva". De repente, o vento soprou, o céu escureceu por causa das nuvens, e começou a chover intensamente.

ELIAS NO DESERTO

O rei ficou impressionado com os milagres realizados por Elias, mas a rainha Jezabel, sua esposa, estava furiosa por causa da derrota dos sacerdotes de Baal. Para não ser morto, Elias fugiu para o deserto.

Cansado e desiludido, sentou-se à sombra de um junípero e pediu ao Senhor que o fizesse morrer. Em seguida adormeceu.

Durante o sono, um anjo o tocou, dizendo: "Levante-se e coma, uma longa caminhada espera por você".

Elias acordou e viu perto de si uma moringa d'água e um pão. Comeu e bebeu, e aquele alimento lhe deu forças para caminhar quarenta dias e quarenta noites até o monte Horeb.

Aí ouviu a voz do Senhor que lhe dizia: "Elias, o que está fazendo aqui?".

Elias respondeu: "Senhor, fiquei sozinho e ninguém me escuta. Agora querem também me matar". A voz lhe disse: "Quero mostrar-me a você". Houve um vento impetuoso, mas o Senhor não estava no vento.

Um terremoto sacudiu a montanha, mas o Senhor não estava no terremoto. Caíram línguas de fogo, mas o Senhor não estava no fogo.

Depois houve o murmúrio de suave brisa. Quando Elias o sentiu, compreendeu que estava na presença do Senhor e cobriu o rosto. O Senhor disse: "Retome sua caminhada, não mais estará sozinho. Haverá outras pessoas fiéis a Deus e você terá um sucessor, Eliseu, que será profeta depois de você".

O CARRO DE FOGO

Elias fez aquilo que lhe dissera o Senhor e se dirigiu a Damasco. De longe, viu Eliseu lavrando um campo.

Elias o alcançou, e, quando ficou perto, jogou sobre ele o próprio manto. Eliseu compreendeu que havia sido escolhido, saudou o pai e a mãe e seguiu Elias, tornando-se discípulo dele.

Quando Elias percebeu que sua vida estava chegando ao fim, dirigiu-se ao rio Jordão. Eliseu não queria deixá-lo e foi com ele. Chegando à margem, com seu manto Elias golpeou as águas e elas se dividiram, fazendo-os passar. De repente, eis que apareceu um carro de fogo puxado por cavalos, que levou Elias para o céu. Fora de si, Eliseu gritou: "Meu pai, fique. O guia de Israel é você!". Mas de Elias ficou apenas o manto.

Eliseu recolheu o manto e tomou o caminho de volta. Quando chegou ao Jordão, pensou: "As águas se separarão também diante de mim? Terei o poder de Elias?". Com o manto, bateu no leito do rio e as águas se dividiram. Não muito longe dali, alguns homens da cidade de Jericó, que haviam assistido ao prodígio, disseram: "O espírito de Elias pousou sobre você. Seja abençoado, Eliseu!".

Eliseu tornou-se grande profeta, realizou numerosos milagres e ajudou os necessitados. Continuou a obra de Elias recordando ao povo e aos reis de Israel o amor do Senhor Deus e suas leis.

O PROFETA OSEIAS

Outros profetas vieram para recordar ao povo e aos reis de Israel que a infidelidade a Deus levaria à ruína, ao passo que a fidelidade conduz à salvação e à paz. Entre outros, houve Oseias, casado com uma mulher que o traíra, mas o profeta a perdoara, acolhendo-a novamente.
A história de Oseias era um exemplo mediante o qual o Senhor convidava seu povo a voltar para ele, pois o amor dele era maior que a infidelidade.

Mas todo o apelo foi inútil, e a catástrofe anunciada aconteceu.

O reino do Norte foi derrotado pelo exército assírio e a cidade de Samaria conquistada e saqueada após longo cerco. Os assírios escravizaram a população sobrevivente e a dispersaram nos territórios do império deles. E as tribos deportadas não voltaram mais.

O PROFETA ISAÍAS

Também no pequeno reino de Judá, no Sul, o Senhor escolheu homens para falar em seu nome.

Isaías era homem nobre e sábio. Certo dia, enquanto se encontrava no templo, o Senhor lhe apareceu sentado num trono suspenso no céu, circundado pelos anjos; seu manto descia até o chão.

Isaías ficou apavorado. "Não sou digno de permanecer diante do Senhor!", disse. Então, um dos anjos pegou uma brasa do altar do templo, voou até Isaías e purificou seus lábios.

Isaías havia sido escolhido como profeta de Deus.

Ele anunciou que o reino de Judá seria varrido pelos inimigos, a cidade de Jerusalém seria destruída e o povo deportado, como acontecera com o reino do Norte.

Mas suas profecias não falavam somente de sofrimentos e destruições: anunciavam também a promessa de que Deus não abandonaria seu povo: "O Senhor fará uma coisa nova. Justamente agora está brotando". Um descendente da casa de Davi viria para trazer a paz e a justiça sobre a terra: "Surgirá um menino, será chamado Deus poderoso, Pai perpétuo, Príncipe da paz".

O PROFETA JEREMIAS

Outro importante profeta foi Jeremias. Sua família possuía má fama, mas o Senhor o chamou, dizendo: "Eu conheço você desde sempre. Antes mesmo que nascesse, eu estabeleci que você fosse meu profeta". Jeremias se sentia confuso: "Não sei falar, ainda sou muito jovem!".

Então o Senhor lhe tocou a boca e disse: "Eis, de agora em diante você falará em meu nome e eu não abandonarei você".

Depois perguntou a Jeremias: "O que está vendo?".

"Vejo um ramo de amendoeira", respondeu ele.

E o Senhor: "É o sinal de que estou vigiando sobre a minha palavra para realizá-la. Vá e anuncie aos habitantes de Jerusalém que estou prestes a abandoná-los nas mãos dos seus inimigos, porque se tornaram maus e se esqueceram de mim. Mas, se reconhecerem as próprias culpas e voltarem a mim, eu os salvarei e os protegerei".

Jeremias fez tudo o que o Senhor lhe havia ordenado, mas, em vez de arrepender-se, os seus concidadãos debocharam dele e o perseguiram.

Assim, o reino de Judá foi atacado pelo exército babilônico.

O templo que o rei Salomão havia construído foi incendiado e a cidade de Jerusalém foi reduzida a um montão de ruínas.

Os habitantes sobreviventes às catástrofes foram deportados para a Babilônia e somente poucos camponeses continuaram vivendo na Judeia.

Mas Jeremias os encorajou: a promessa feita a Davi seria mantida. Os prisioneiros voltariam do exílio e o Senhor faria com seu povo uma nova aliança escrita no coração e não mais em tábuas de pedra.

TOBIT E SEU FILHO TOBIAS

Tobit vivia em Nínive com a esposa Ana e o filho Tobias.

Era um dentre os muitos judeus que acabaram indo para o exílio, mas também aí se conservava fiel à lei do Senhor: consolava e encorajava os outros prisioneiros e dividia com os pobres tudo o que possuía.

E embora fosse severamente proibido, às escondidas, sepultava os cadáveres abandonados dos judeus assassinados.

Até certo dia adoecer dos olhos e ficar cego.

"Veja a que ponto você chegou! Suas boas ações serviram de alguma coisa?" Eram as repreensões da esposa. Também a vizinhança zombava dele. Tobit estava entristecido, porém suportava com paciência.

Era idoso e sabia estar perto da morte. Foi aí que se lembrou de algo, chamou o filho Tobias e lhe disse: "Vá à Média, à cidade de Rages, ao nosso parente Gabael, e saque o dinheiro que depositei com ele. A viagem é longa, encontre alguém de confiança que possa acompanhar você".

Quando Tobias foi à procura de um companheiro de viagem, o Senhor enviou-lhe ao encontro o anjo Rafael. Tinha o aspecto de um homem jovem, e afirmou conhecer o caminho para a Média. Tobias não sabia que estava falando com um anjo, sabia somente que esse homem lhe inspirava confiança. Prepararam as malas, cumprimentaram Ana e Tobit e partiram, acompanhados pelo cachorro.

Ao entardecer chegaram às margens do rio Tigre. Enquanto Tobias lavava os pés, de repente um peixe enorme saiu da água para mordê-lo. Rápidos, agarraram-no e Rafael disse: "Abra o peixe. Tire-lhe o fel, o coração e o fígado e reserve-os. Serão úteis para você". O resto do peixe foi assado para o jantar.

Durante a viagem, viram de longe a cidade de Ecbátana, e Rafael disse a Tobias: "Aí mora Raguel, parente seu, com sua filha Sara. Ela é bela e inteligente, por que não a pedes por esposa?".

Tobias respondeu: "Ouvi falar dela. Já teve sete maridos: todos morreram na noite das núpcias, porque um demônio ciumento não permite aproximar-se dela". "Não se preocupe com esse demônio e case com ela. Desde a eternidade Deus a destinou a você. Será você aquele que vai salvá-la." A partir desse momento, Tobias não via a hora de encontrar Sara.

Chegados a Ecbátana se apresentaram ao pai dela e Tobias a pediu em casamento. Raguel concordou, mas lamentava que também dessa vez o casamento acabaria em tragédia. Após o banquete de casamento, Tobias e Sara se retiraram para o quarto e fecharam a porta. Tobias, por sugestão de Rafael, tomou da sua sacola o coração e o fígado do peixe e os jogou no braseiro aceso. O cheiro do peixe fez fugir o demônio, que se viu acorrentado pelas mãos de Rafael e atirado no reino das trevas. De manhã os servos encontraram Tobias e Sara dormindo tranquilamente na cama deles. Houve dias e dias de festejos; entrementes, Rafael foi sacar o dinheiro de Tobias.

Chegou a hora de retomar a viagem para Nínive, onde os pais de Tobias aguardavam o filho com ansiedade.

O cachorro, que na viagem acompanhara Rafael e Tobias, os seguia. Quando chegaram a casa, Rafael ordenou a Tobias: "Pegue o fel do peixe e espalhe-o sobre os olhos do seu pai". Tobias obedeceu e o velho Tobit voltou a enxergar. Em meio a lágrimas, abraçou Sara e a acolheu em sua casa.

Quando Tobit e Tobias quiseram recompensar Rafael por aquilo que fizera, o anjo se lhes revelou: "O Senhor viu o sofrimento de Tobit e Sara e me enviou para curá-los. Bendigam a Deus e narrem a todos aquilo que ele fez para vocês".

E desapareceu da vista deles.

JONAS

Nínive era a capital dos assírios, que haviam destruído o reino do Norte e deportado os israelitas como escravos.

Certo dia, o Senhor ordenou ao profeta Jonas: "Vá a Nínive, a grande cidade, diga a seus habitantes que se arrependam das suas maldades, senão eu os castigarei".

Mas Jonas não concordava: se os de Nínive fizeram o mal, pior para eles. O Senhor os castigue à vontade!

Em vez de agir como lhe havia sido ordenado, fugiu na direção oposta e embarcou num navio.

Então o Senhor desencadeou no mar uma tempestade tão forte, coisa não vista até então. Os marinheiros aterrorizados rezavam cada um a seu deus e atiravam ao mar as mercadorias, a fim de aliviar o navio e não fazê-lo naufragar, mas era tudo inútil. Jonas, ao contrário, se havia entocado num canto da estiva. O capitão do navio disse: "Talvez entre nós haja alguém culpado por tudo isso. Vamos tirar a sorte para descobrir quem é". Tiraram a sorte e ela caiu em Jonas. Jonas compreendeu o que estava acontecendo e admitiu: "É por minha causa que a tempestade explode. Sou judeu, meu Deus é o Senhor que fez céu e terra e eu fugi dele". "O que devemos fazer com você?", lhe perguntaram. "Atirem-me ao mar e a tempestade se acalmará." Os marinheiros rezaram ao Senhor, dizendo: "Não nos castigue se somos obrigados a matá-lo". Depois agarraram Jonas e o atiraram entre as ondas. O mar ficou imediatamente calmo.

Mas Jonas não morreu. O Senhor enviou um grande peixe para engoli-lo. Por três dias e três noites, Jonas viveu na barriga do peixe, rezando na escuridão. Depois de três dias, o peixe o rejeitou na praia.

O Senhor disse de novo a Jonas: "Vá a Nínive e fale em meu nome". Desta vez Jonas obedeceu, percorreu por todos os lados a cidade, gritando: "Daqui a quarenta dias a cidade será destruída". Os habitantes de Nínive acreditaram no anúncio, todos, grandes e pequenos, se vestiram pobremente e deixaram de comer e beber. Também o rei se despojou do seu manto e ordenou que em seu reino todos fizessem penitência, pessoas e animais: "Cada um pense em suas más ações e na violência que praticou. Rezem ao Senhor com todo o coração para que mude de ideia e não nos faça morrer". O Senhor viu a boa vontade e os perdoou.

Jonas, porém, ficou ofendido: "Por que você me fez vir aqui? Eu sabia que isso acabaria desse modo! Você é bom com todos e se deixa compadecer".

O Senhor respondeu: "Parece justo a você aquilo que está dizendo?".

Jonas não respondeu, foi para o deserto, onde ergueu uma cabana, e daí olhava Nínive. Talvez o Senhor tivesse mudado de ideia, talvez teria de qualquer forma destruído a cidade.

O Senhor fez crescer perto dele uma mamoneira. Estava muito quente, e Jonas ficou contente com a sombra fresca, pouco a pouco a raiva se desfez. Mas, no dia seguinte, uma lagarta devorou as raízes da planta e um vento abafado a secou. O sol, sem dó nem piedade, queimava a cabeça de Jonas, que ameaçava desmaiar. Começou logo a queixar-se: "Quero morrer; viver assim não tem sentido!".

"Parece justo a você pedir a morte por causa de uma mamoneira que não existe mais?", perguntou o Senhor. "Sim, me parece justo", respondeu, obstinado, Jonas. O Senhor o repreendeu: "Se você teve piedade daquela planta que você não fez crescer e pela qual nunca se preocupou, por que eu não deveria ter compaixão de Nínive, na qual vivem muitas criaturas minhas?".

Jonas não disse mais nada.

JUDITE

Também nos períodos mais difíceis, não faltaram no povo de Israel mulheres e homens fiéis ao Senhor que souberam infundir nos irmãos coragem e confiança. Durante o exílio, os judeus gostavam de contar suas histórias. Uma delas tinha como protagonista uma mulher: Judite. No tempo do rei Nabucodonosor, o general babilônio Holofernes cercou a pequena cidade de Betúlia. Holofernes era homem cruel, e os habitantes da cidade sabiam o que aconteceria aos que lhe resistissem... Todos os abastecimentos de água haviam sido cortados e os sitiados estavam prestes a ceder.

Judite vivia em Betúlia, era mulher jovem, viúva e sem filhos, mas tinha fé no Senhor e não queria a rendição.

Por isso decidiu agir sozinha. Após ter rezado, vestiu a veste mais bela e se enfeitou com esplêndidas joias. Tomou provisões e dirigiu-se com uma serva rumo ao campo inimigo.

Quando os soldados babilônios a viram, ficaram maravilhados com sua beleza e lhe perguntaram o que desejava. "Não quero morrer com os demais. Fugi da cidade e posso fornecer ao comandante de vocês informações seguras para conquistá-la." Os guardas a conduziram à tenda de Holofernes. O general, encantado com o fascínio de Judite, acreditou em cada palavra dela e quis oferecer um banquete em sua honra. Naquela noite, Holofernes bebeu muito vinho e ficou bêbado e, quando os servos se retiraram para deixá-los a sós, caiu num profundo sono.

Judite agiu depressa. Pôs a serva a vigiar fora da tenda, agarrou a pesada cimitarra de Holofernes, pegou-o pelo cabelo e golpeou-o duas vezes decepando a cabeça dele. A serva envolveu a cabeça cortada num pano e a escondeu na sacola das provisões. A seguir, as duas mulheres saíram do acampamento sem que os guardas suspeitassem de alguma coisa.

Na manhã seguinte, a cabeça de Holofernes pendia da muralha de Betúlia. Quando os soldados inimigos a viram, fugiram apavorados abandonando o cerco.

DANIEL

Outra narrativa tinha como protagonista um jovem, Daniel, e três amigos seus.

Nabucodonosor, o grande rei de Babilônia, os levara a sua corte para que fossem instruídos na língua dos caldeus e estivessem a serviço dele. O Senhor fez com que os quatro jovens se tornassem muito sábios, sobretudo Daniel, capaz de interpretar sonhos e visões.

Certa noite, Nabucodonosor teve um sonho angustiante, e na manhã seguinte convocou logo os sábios e adivinhos da corte para que o explicassem a ele. Todos estavam à espera de que o rei contasse o sonho, porém, ele, enfurecido, disse: "Que espécie de adivinhos são vocês! Se não têm capacidade para adivinhar o meu sonho, imaginemos então se conseguem interpretá-lo!". E ameaçou condená-los à morte.

Quando Daniel soube disso, pediu para ser recebido na corte.

O Senhor lhe revelara aquilo que estava para dizer: "Ó rei, sonhando você viu uma grande estátua. Tinha a cabeça de ouro, o peito e os braços de prata, o ventre e as coxas de bronze, as pernas de ferro e os pés de barro. Uma pedra, precipitando-se de uma montanha, atingiu seus pés de barro e toda a estátua virou migalhas. Em seguida, a pedra virou montanha tão grande a ponto de encher a terra".

Nabucodonosor estava maravilhado. Seu sonho havia sido isso mesmo.

E Daniel continuou: "A cabeça de ouro é você, ó rei; Deus concedeu força e glória a você. Os outros metais são reinos que virão depois do seu, alguns mais fortes, outros mais fracos.

Mas no fim virá novo reino, o Reino de Deus, que destruirá os precedentes e durará para sempre".

Nabucodonosor disse: "Seu Deus é maior de todos e conhece também os mistérios do futuro". A seguir, nomeou Daniel governador de Babilônia e seus amigos, administradores.

OS TRÊS JOVENS NA FORNALHA

Certo dia, Nabucodonosor fez construir uma enorme estátua de ouro para mostrar a todos o seu poder, e ordenou: "Toda vez que meus súditos ouvirem o som de um instrumento musical, deverão ajoelhar-se e adorar a estátua. Quem não o fizer, será atirado numa fornalha ardente".

Ananias, Misael e Azarias, os amigos de Daniel, recusaram-se a adorar a estátua. Levados à presença do rei, disseram: "Nós adoramos unicamente o Senhor Deus. Saiba, ó rei, que se ele quiser poderá salvar-nos do fogo da fornalha. Todavia, ainda que não nos salvasse, jamais serviremos a outros deuses".

O rei estava furioso. Justamente eles, que o rei cumulara de honras e tinha tornado seus administradores, recusavam ajoelhar-se diante da sua estátua?

Imediatamente ordenou que fossem amarrados e atirados na fornalha onde as chamas se erguiam altíssimas.

Mas um anjo do Senhor veio abrir as chamas circundando Ananias, Misael e Azarias com vento carregado de orvalho.

Boquiaberto, o rei ouviu, vindo da fornalha, um hino de louvor e, quando se aproximou, os viu passear entre as chamas.

Então gritou: "Servos do Senhor Deus, saiam".

Os três saíram das chamas sem qualquer queimadura e Nabucodonosor disse: "Bendito o Deus de vocês, ao qual permaneceram fiéis às custas da própria vida. Ele é de fato o Senhor de todos".

DANIEL E OS LEÕES

Após a morte de Nabucodonosor, seu império caiu sob o domínio do rei persa Dario. Também o novo rei apreciava a inteligência e sabedoria de Daniel, e o nomeou governador.

Os altos funcionários da corte tinham inveja daquele judeu e procuravam prejudicá-lo. Finalmente, planejaram uma forma de se livrar dele. Foram ao rei e lhe disseram: "Ordene a seus súditos inclinarem-se somente diante de você e de nenhum outro deus. Quem não obedecer será atirado à cova dos leões". Com efeito, eles sabiam que Daniel não obedeceria.

O rei achou a questão justa e assinou o decreto.

Daniel, sem preocupar-se com o decreto, continuou como de costume rezando e ajoelhando-se diante do Senhor três vezes ao dia. Foi fácil para seus inimigos acusá-lo de desobediência. Quando o rei ficou sabendo, ficou triste, pois gostava de Daniel, e procurou todas as formas de salvá-lo, mas lei é lei, e por fim ordenou que fosse atirado aos leões. E, quando a enorme pedra fechou a boca da cova, Dario conseguiu somente dizer: "Aquele Deus a quem você serve com tanta fidelidade possa salvá-lo".

O rei não conseguiu dormir durante a noite toda; na manhã seguinte, foi rapidamente à cova, chamou Daniel, e com grande alegria o ouviu responder: "Estou bem! O Senhor enviou um anjo para fechar a boca dos leões, pois não pratiquei nenhum mal nem a ele nem a você".

O rei ordenou que ele fosse imediatamente libertado e em seu lugar seus acusadores fossem arremessados à cova.

Logo que os viram, os leões se arremessaram sobre eles, devorando-os.

A RAINHA ESTER

Também a história de Ester se tornou famosa, passando de uma geração a outra.

Certo dia, na cidade de Susa, o rei persa Artaxerxes deu um grande banquete. Queria que todos conhecessem a belíssima rainha Vasti, sua esposa. Mas a rainha não se apresentou. Ofendido, o rei a fez pagar caro tal desobediência: não quis vê-la nunca mais, e ordenou que de todo o reino fossem conduzidas à corte as jovens mais belas: dentre elas escolheria sua nova rainha. Entre elas encontrava-se também Ester, sobrinha de Mardoqueu, judeu que graças à sua honestidade e capacidade se tornara funcionário da corte. Mardoqueu gostava muito de sua sobrinha e aconselhou-a conservar em segredo suas origens.

Quando Artaxerxes viu Ester, logo se apaixonou, escolhendo-a por esposa.

Entrementes, na corte, Mardoqueu criara para si um inimigo, o poderoso ministro Amã. Todos o temiam e se ajoelhavam diante dele, exceto Mardoqueu, que se ajoelhava somente diante do Senhor. Amã encontrou um modo de vingar-se. Acusou Mardoqueu e os judeus de serem rebeldes perigosos. Artaxerxes acreditou em suas palavras e ordenou que todos os judeus do reino fossem mortos, fixando a data do massacre.

Mardoqueu se desesperava e gritava: "Será destruído um povo que nada fez de mal!", e enviou mensagem a Ester, dizendo: "Somente você poderá salvar-nos. Talvez tenha se tornado rainha para isso. Vá ao rei e fale a nosso favor". Ester sabia que ninguém podia apresentar-se diante do rei por iniciativa própria, sequer a rainha. Pena de morte para o transgressor. Mesmo assim, ela decidiu tentar.

Pediu a todos os judeus que rezassem e jejuassem com ela por três dias.

No fim dos três dias, pôs o vestido mais bonito e, acompanhada por suas servas, apresentou-se diante do rei.

Estava esplêndida e sorria, mas seu coração batia forte de medo.

Quando Artaxerxes, de rosto sombrio, pousou seu olhar sobre ela, Ester ficou pálida e percebeu que ia desmaiar. Então o rei tornou-se meigo e estendeu sobre ela seu cetro, em sinal de perdão e proteção, dizendo: "O que você quer, Ester? Qualquer coisa que você pedir, eu a concederei". A rainha respondeu: "Se você deseja fazer-me feliz, venham, você e Amã, ao banquete que mandei preparar". No fim do banquete, Artaxerxes repetiu sua pergunta, e desta vez Ester respondeu: "Meu rei, eu lhe peço que me conceda a vida e a conceda a meu povo. Fomos condenados à destruição por causa de um homem falso, que não

é digno de viver no palácio real". "Diga-me quem é esse homem e eu farei justiça", disse o rei. "É ele", disse Ester apontando Amã.

O rei percebeu que estava sendo enganado. Ordenou que prendessem Amã e que ele fosse enforcado no patíbulo que havia preparado para Mardoqueu. Em seguida, fez anular a ordem de extermínio do povo judeu e nomeou Mardoqueu ministro em lugar de Amã.

Ainda hoje os judeus recordam a rainha Ester e o perigo evitado na festa de Purim, durante a qual se banqueteia, trocam-se presentes e as crianças vestem máscaras e roupas típicas.

AS CÍTARAS EMUDECIDAS

As histórias que lemos mantinham viva a confiança no amanhã no triste período do exílio. No começo, os judeus foram tratados como escravos. Depois, pouco a pouco, suas condições de vida foram melhorando e tiveram licença para reunir-se em vilas. Alguns deles conseguiram até fazer carreira, passando a servir os reis estrangeiros.

Porém, a amargura de haver perdido a pátria nunca se apagou do coração deles. "Não cantaremos os cantos do Senhor em terra estrangeira", diziam os exilados, e as cítaras que tocavam no passado e faziam festa, acabavam mudas e inutilizadas.

Deus, porém, não havia esquecido suas promessas. Na desolação do exílio mandou os seus profetas a anunciar: "Eu reunirei vocês de todo lugar onde estão dispersos e os conduzirei à terra de vocês. Purificarei vocês de todo o seu mal e lhes darei um coração capaz de amar. Vocês serão o meu povo e eu serei o Deus de vocês".

A VOLTA A JERUSALÉM

Quando Ciro, rei da Pérsia, conquistou a Babilônia, seu império havia alcançado enorme extensão.

Para melhor governar os povos conquistados, com um edito estabeleceu que todos os deportados pelos babilônios – se quisessem – podiam regressar à própria terra. A alegria dos judeus foi imensa: estavam novamente livres!

Voltariam a Jerusalém, reconstruiriam o templo!

E diziam uns aos outros: "O Senhor fez por nós grandes coisas".

Após setenta anos de escravidão em terra estrangeira, uma coluna de aproximadamente cinquenta mil pessoas se pôs em marcha para a terra de Davi, com cavalos, jumentos, asnos e camelos. Quando chegaram diante de Jerusalém, os anciãos que a recordavam anterior à destruição, choraram desconsolados, mas os jovens estavam cheios de entusiasmo. O templo foi reconstruído em meio a mil dificuldades, mas, quando finalmente nele puderam celebrar a Páscoa, o coração deles transbordou de alegria.

Ano após ano, muitos judeus retornaram à pátria.

Entre eles retornou Neemias, que havia sido copeiro do rei da Pérsia, e quis restaurar as poderosas muralhas de Jerusalém para a defesa dos inimigos. Neemias se mostrou sábio governador e reorganizou a vida da cidade, criando leis favoráveis aos mais pobres.

Chegou a Jerusalém também Esdras, escriba e sacerdote, que estudara e transcrevera textos sagrados que outros, antes dele, haviam recolhido durante o tempo do exílio. Graças a ele, o povo de Israel pôde recompor a história, as leis e tradições esquecidas por tanto tempo.

O SÁBIO ELEAZAR

Após o regresso dos judeus à terra prometida, houve longo período de tranquilidade e paz, até que Alexandre Magno, rei da Macedônia, uma região da Grécia, derrotou o imperador da Pérsia.

Em breve espaço de tempo, Alexandre tornou-se dono de um império ainda maior que o dos persas: ia do mar Mediterrâneo à Índia, e também os judeus eram seus súditos.

Nas terras conquistadas, Alexandre se propusera transplantar a cultura e os costumes do mundo grego. Quando morreu, seus sucessores continuaram sua obra.

Entre eles distinguiu-se, por obstinação e crueldade, o rei Antíoco Epífanes, que decidiu impor, à força, a cultura pagã e os deuses do Olimpo grego. Despojou o templo de Jerusalém da sua mobília sagrada e ordenou que nele fosse introduzida a estátua de Zeus.

A todos, indistintamente, Antíoco proibiu recolher-se em oração, respeitar o descanso do sábado e as outras tradições da religião judaica. Alguns se deixaram convencer, mas muitos outros preferiram morrer, em vez de faltar com a fidelidade ao Deus dos seus antepassados.

Entre estes houve Eleazar, um escriba idoso, que rejeitou comer carne de porco, proibida pela lei de Moisés.

A quem lhe propunha fingir comer para salvar a pele, Eleazar respondeu: "Meu fingimento seria mau exemplo para os jovens. O que poderiam pensar vendo que, na minha idade, por apenas um pouco de vida a mais, cedi aos costumes dos pagãos?". E acrescentou: "Ainda que eu escapasse do castigo dos homens, do Poderoso eu não conseguiria".

E enfrentou o martírio corajosamente.

A FESTA DAS LUZES

Nesse período difícil, vivia na pequena cidade de Modin um sacerdote chamado Matatias com seus cinco filhos, conhecidos como "Macabeus" (isto é, "martelos") por causa de sua determinação. Certo dia, os funcionários do rei se apresentaram a Matatias, dizendo: "Você é homem estimado por todos. Se obedecer por primeiro à ordem do rei de oferecer sacrifícios aos deuses, também os outros o seguirão. E você será recompensado com ouro e presentes em abundância". Matatias respondeu: "Mesmo que todos se submetam aos desejos do rei, eu e meus filhos não trairemos a aliança que nossos antepassados selaram com Deus".

Por isso fugiu para as montanhas com os filhos e um grupo de fiéis companheiros, decidido a combater para defender seu povo dos abusos de Antíoco. Matatias tornou-se chefe da revolta e, depois de sua morte, o posto foi ocupado pelo filho Judas Macabeu.

Quando o rei enviou seu exército para arrasar os rebeldes, Judas não desanimou: encorajou seus homens a terem confiança no Senhor, dizendo: "É melhor para nós morrer lutando do que ver a ruína da nossa gente". E dispersou os inimigos.

Com sua fé e determinação, Judas Macabeu reconquistou Jerusalém.

Quando os insurgidos entraram na cidade, viram o templo reduzido a ruínas, suas portas queimadas e o mato crescendo nos seus pátios. Então, purificaram o espaço sagrado e reconstruíram o altar dos sacrifícios. Queimaram incenso e acenderam as lâmpadas do grande candelabro com o azeite de uma pequena ampola encontrada entre os escombros do templo. As celebrações continuaram por oito dias, e o azeite foi suficiente e as lâmpadas nunca se apagaram. Foram momentos de grande alegria e, para recordar a reconsagração do templo, Judas quis que a cada ano, no inverno, fosse celebrada uma festa que durava oito dias: a Festa de Hannuká, também conhecida como Festa das Luzes.

DEUS FIEL

Os frutos que nascem da violência duram pouco. E assim, não obstante a reconquista de Jerusalém, a guerra continuou por muitos anos e os irmãos Macabeus, um depois do outro, guiaram o exército judaico contra os inimigos. Após a morte de Simão, o último dos irmãos, seus descendentes governaram a Judeia. Mas o poder os tornou ciumentos um do outro e começaram a lutar pelo comando.

Foi nessa situação que o império de Roma conquistou Jerusalém, colocando no trono Herodes, o Grande, rei de origem estrangeira.

Mas Deus não havia abandonado seu povo; seguia-o passo a passo e, no silêncio mais absoluto, estava preparando uma grande surpresa.

Pessoas conhecidas por sua sabedoria prepararam o povo para acolhê-la, ensinando o caminho de Deus e a arte de viver de modo justo.

Uma dessas pessoas era Ben Sirá, um vovô como muitos que ensinava ao neto a lei de Deus e seu modo de agir na história. Ben Sirá escrevia: "Considere as gerações passadas e reflita bem: Quem confiou no Senhor e ficou decepcionado? Ou quem perseverou no seu temor e foi abandonado? Ou quem o invocou e foi por ele esquecido? Porque o Senhor é clemente e misericordioso".

Ben Sirá tinha de fato razão. Logo, logo o mundo teria contemplado o grande sinal da misericórdia de Deus.

ZACARIAS E ISABEL

No tempo de Herodes, rei da Judeia, havia um velho sacerdote chamado Zacarias. Ele e sua esposa Isabel não tinham filhos e não mais esperavam tê-los.

Certo dia, enquanto Zacarias estava rezando no templo de Jerusalém, um anjo lhe apareceu em meio às nuvens de incenso, e disse: "O Senhor ouviu seu desejo. Isabel terá um filho e vocês o chamarão João. Será grande profeta e terá a tarefa de preparar o coração das pessoas para a chegada do Salvador".

Zacarias estava surpreso: "Isso não é possível. Eu e minha esposa somos velhos". O anjo respondeu: "Eu sou Gabriel e estou diante do Senhor. E visto que não acreditou em mim, você ficará mudo até o nascimento do menino".

Quando Zacarias saiu do templo, não conseguia mais falar e se expressava com gestos. Todos compreenderam que deveria ter acontecido a ele algo extraordinário. Voltou para casa e, depois de alguns dias, sua esposa Isabel percebeu estar esperando um bebê.

MARIA RECEBE UMA NOTÍCIA

Seis meses após esses acontecimentos, o anjo Gabriel foi enviado por Deus à cidade de Nazaré, na Galileia. Aí vivia uma jovem chamada Maria, noiva de José, o carpinteiro, descendente da estirpe do rei Davi.

Maria estava sozinha em sua pequena casa. Quando o anjo entrou, saudou-a, dizendo: "Alegre-se, Maria, o Senhor cumulou você com sua graça". Maria estava confusa, não compreendia o sentido daquelas palavras. O anjo continuou: "Anuncio a você uma grande alegria. Você terá um bebê e o chamará Jesus. Reinará no trono de Davi, e seu reino jamais terminará".

Maria perguntou: "Como poderei ter um filho? Eu ainda não sou casada". E o anjo respondeu: "O Espírito Santo descerá sobre você, e o Senhor a envolverá com sua sombra. O menino que nascer será santo e será chamado filho de Deus. Também sua parente Isabel, que todos acreditavam ser estéril, espera um bebê. Nada é impossível para Deus".

Então Maria disse: "Sou a serva do Senhor. Aconteça comigo aquilo que você disse".

E o anjo se retirou.

UMA VISITA INESPERADA

Maria refletiu sobre aquilo que lhe acontecera. Estava ainda cheia de perguntas, mas ao mesmo tempo sentia no coração grande doçura.

Esperava um menino! E também Isabel estava grávida! A ela poderia confiar-lhe seu segredo.

Partiu apressadamente, percorrendo a pé a longa estrada que conduzia à aldeia dela.

Quando Isabel a viu chegando, correu a abraçá-la e, inspirada pelo Espírito Santo, lhe disse: "Você é a bendita entre todas as mulheres e bendito é o filho que carrega! A criança em meu ventre reconheceu a sua voz e estremeceu de alegria".

Maria respondeu: "Meu coração explode de felicidade. Sou apenas uma menina, mas o Senhor realizou para mim coisas grandiosas! Todos me chamarão bem-aventurada. O Senhor se lembrou da promessa feita aos nossos antepassados e me escolheu para realizá-la".

Maria permaneceu três meses com a prima. O filho de Isabel nasceu, foi chamado João, e seu pai Zacarias voltou a falar, exatamente como o anjo havia dito.

O CASAMENTO DE MARIA E JOSÉ

Maria voltou a Nazaré. Não podia mais esconder a gravidez e procurou explicar a seu noivo aquilo que acontecera. José era homem bom e amava muito Maria, porém, não conseguia compreender. Sabia unicamente não ser ele o pai do menino. Nesses casos, a lei impunha acabar o noivado, porém ele não conseguia tomar uma decisão.

Certa noite, o anjo Gabriel lhe falou em sonho: "José, não tenha medo de tomar Maria como sua esposa. A criança que ela espera é obra do Espírito Santo. Você o chamará Jesus e ele será o Salvador do seu povo".

José acordou sereno, havia compreendido o que devia fazer. Marcou o dia do casamento e, no fim dos festejos, tomou consigo Maria e a levou a viver em sua casa.

Entretanto, os dias passavam e o nascimento de Jesus se aproximava sempre mais.

JESUS NASCE EM BELÉM

Naquele tempo, o imperador César Augusto ordenou o recenseamento de todas as populações que estavam sob o domínio de Roma. Cada um devia registrar-se na cidade de origem.

José tomou Maria e se pôs a caminho para Belém da Judeia, a cidade de Davi, o rei pastor, seu antepassado.

Quando chegaram a Belém, Maria percebeu que o momento do parto estava próximo. José fez o possível para encontrar um lugar tranquilo e isolado, mas casas e pousadas estavam repletas de pessoas que chegaram à cidade para o recenseamento. Já anoitecera. Finalmente encontraram um lugar numa estrebaria. José fez Maria deitar-se sobre a palha e ficaram à espera. O menino nasceu.

Deram-lhe o nome de Jesus, como dissera o anjo. A mãe o lavou, envolveu-o num pano limpo e o pôs para dormir numa manjedoura.

Não muito longe dali, nas colinas, ao redor das fogueiras, alguns pastores passavam a noite cuidando do seu rebanho.

De repente, viram uma grande luz e apareceu um anjo.

"Não tenham medo", disse o anjo. "Anuncio a vocês uma grande alegria. Na cidade de Davi nasceu o Salvador, que é Cristo Senhor. Vão, encontrarão um menino envolto num pano e acomodado numa manjedoura." A luz aumentou de intensidade e um coro de anjos cantou: "Glória a Deus no alto dos céus e paz na terra às pessoas que ele ama".

A visão desapareceu e logo os pastores se puseram a caminho de Belém. Encontraram Maria, José e o menino na manjedoura, como dissera o anjo. Voltaram felizes ao seu rebanho, louvando o Senhor e narrando a todos aquilo que haviam visto e escutado.

SIMEÃO E ANA

Passados quarenta dias, Maria e José foram a Jerusalém com a criança a fim de apresentá-la ao Senhor, como era tradição para os filhos primogênitos. Levavam consigo pequena oferta: um par de rolinhas, a oferta dos pobres.

Quando chegaram ao templo, um homem muito idoso aproximou-se deles.

Era Simeão, um justo ao qual o Espírito Santo havia revelado que não morreria sem ter visto o Salvador de Israel. Cheio de comoção, tomou Jesus no colo e o abençoou, dizendo: "Agora posso morrer em paz, porque meus olhos viram você".

No templo vivia uma profetisa chamada Ana. Tinha oitenta e quatro anos e rezava ao Senhor dia e noite.

Também ela esperava a vinda do Salvador e, quando viu o menino no colo de Simeão, reconheceu-o e louvou a Deus.

Maria e José estavam maravilhados por tudo aquilo que estava acontecendo.

A ESTRELA DOS MAGOS

Entrementes, chegaram a Jerusalém alguns magos do Oriente. Tinham visto despontar no céu uma nova estrela e se puseram a caminho para segui-la. As antigas profecias diziam que essa estrela misteriosa anunciava o nascimento de um grande rei.

Mas, nos arredores da cidade santa, a estrela desaparecera e os magos perguntavam insistentemente: "Onde está o rei dos judeus que acabou de nascer? Viemos adorá-lo".

Naquele tempo, o rei Herodes reinava na Judeia. Era um homem malvado e desconfiado. Interrogou os escribas e os sacerdotes acerca de quem seria esse novo rei. Responderam-lhe: "Está escrito que em Belém da Judeia nascerá o rei que irá guiar Israel". Herodes agiu com astúcia, convocou os magos ao palácio e lhes disse: "Vão a Belém, lá se encontra a criança que vocês estão procurando. Quando o tiverem encontrado avisem-me, para que também eu possa ir adorá-lo". Porém suas intenções eram totalmente outras.

Logo que os magos saíram de Jerusalém, a estrela apareceu novamente no céu noturno, precedendo-os no caminho. Eles a seguiram, até que ela parou sobre uma casa de Belém. Os magos ficaram impressionados com a pobreza do local, mas, quando viram o menino no colo de Maria, seus corações se encheram de alegria. Ajoelharam-se e o adoraram. Ofereceram como presente produtos dos seus países: ouro, incenso e mirra.

Depois, avisados em sonho por um anjo, não voltaram a Herodes, retornando ao Oriente por outro caminho.

A FUGA PARA O EGITO

No seu palácio, Herodes estava à espera. Não via a hora de receber notícias, e, quando se deu conta de que os magos haviam zombado dele, ficou extremamente furioso. Quem poderia ser esse novo rei que ameaçava o seu trono? Precisava eliminá-lo a qualquer custo.

Para ter certeza, ordenou que todos os meninos de Belém com menos de dois anos fossem mortos.

Mas um anjo, em sonho, avisou José: "Levante-se, tome com você Maria e o menino. Fuja para o Egito e permaneça lá até quando eu avisar. Herodes procura Jesus para matá-lo".

José acordou de sobressalto, apressadamente juntou suas poucas coisas, fez Maria montar no jumento, pôs o menino no colo dela e fugiram pela noite.

Quando os soldados de Herodes chegaram a Belém, eles já estavam bem longe.

Os soldados foram de casa em casa e mataram os meninos que encontraram. Belém ecoou de gritos e lamentações e a lembrança daquele massacre durou para sempre.

Quando o rei Herodes morreu, o anjo apareceu novamente em sonho a José e disse: "O perigo passou. Tome com você Maria e o menino e volte à terra de Israel".

José obedeceu, porém, decidiu não voltar a Belém, porque reinava Arquelau, filho de Herodes, cruel como o pai. Em vez disso, voltou com Maria e Jesus a Nazaré da Galileia, cidade onde no passado eles se conheceram.

JESUS NO TEMPLO

Em Nazaré, os anos transcorriam, tranquilos. Jesus crescia estudando as Escrituras e aprendendo a profissão de José.

A graça do Senhor estava sobre ele.

Segundo a tradição, todos os anos Maria e José iam a Jerusalém para a celebração da Páscoa, festa que recordava a libertação dos hebreus da escravidão do Egito. Era viagem de alguns dias e Jesus, com a idade de doze anos, acompanhou seus pais. Transcorridos os dias da festa, Maria e José se uniram à caravana dos peregrinos a fim de voltar para casa. Tinham perdido de vista o filho, porém não se preocuparam. "Estará lá embaixo, com o grupo dos jovens", pensavam. No fim do dia, a caravana parou, as famílias se reuniram para passar a noite, e somente então perceberam que Jesus desaparecera.

Apavorados, voltaram atrás. Procuraram o filho por três dias e finalmente o encontraram no templo. Estava lá, sentado entre os doutores da lei, escutava-os e respondia às suas perguntas.

Maria se adiantou e lhe perguntou: "Por que você se comportou assim? Eu e seu pai, angustiados, procuramos você por todos os lugares".

Jesus respondeu: "Por que me procuravam? Não sabem que devo ocupar-me com as coisas de Deus, meu Pai?". Voltaram todos juntos a Nazaré. Maria não compreendia tudo, mas meditava frequentemente naquilo que acontecera, guardando-o em seu coração.

O BATISMO DE JESUS

Jesus tinha cerca de trinta anos. Sobre os territórios do império romano reinava o imperador Tibério, e Pôncio Pilatos era governador da Judeia. Naquele tempo, João, o filho de Isabel e Zacarias, começou a pregar às margens do rio Jordão.

João usava uma veste de pelos de camelo, como os antigos profetas, e comia gafanhotos e mel silvestre. Aos que acorriam de todas as partes para escutá-lo, dizia: "Arrependam-se dos seus pecados. Mudem de vida porque o reino dos céus está próximo". A seguir os batizava, fazendo-os mergulhar nas águas do rio como sinal de purificação. Muitos lhe perguntavam: "É você aquele que deve vir, o Cristo, o libertador de Israel?". E João respondia: "Eu batizo com água, mas aquele que virá depois de mim é mais forte que eu. Ele batizará com o fogo do Espírito Santo".

Quando em Nazaré chegou a notícia desses fatos, Jesus compreendeu que havia chegado o momento de iniciar sua missão.

Deixou sua casa e dirigiu-se ao Jordão para fazer-se batizar.

Logo que o viu, João o reconheceu imediatamente: "Você vem a mim? Sou eu que devo ser batizado por você!".

Porém Jesus respondeu: "É justo assim". Despojou-se, entrou no rio e mergulhou na água diante de João.

De repente, o céu se abriu e o espírito de Deus desceu sobre ele, sob forma de pomba.

Ouviu-se uma voz que dizia: "Você é o meu filho, o amado, eu agirei em você".

COM O DIABO NO DESERTO

Após o batismo, impelido pelo Espírito Santo, Jesus foi ao deserto para rezar. Durante quarenta dias e quarenta noites não comeu, sustentado unicamente pela força do Espírito, mas ao final daqueles dias sentiu fome.

O diabo, vendo-o fraco, aproximou-se para tentá-lo: "Se de fato você é o Filho de Deus, transforme estas pedras em pão".

Mas Jesus respondeu: "O pão não basta para satisfazer a fome, o ser humano necessita da palavra que vem de Deus".

Então o diabo o levou a Jerusalém, ao ponto mais alto do templo, e disse: "Se de fato você é o Filho de Deus, demonstre-o! Atire-se daqui para baixo e os anjos do seu Pai virão salvá-lo".

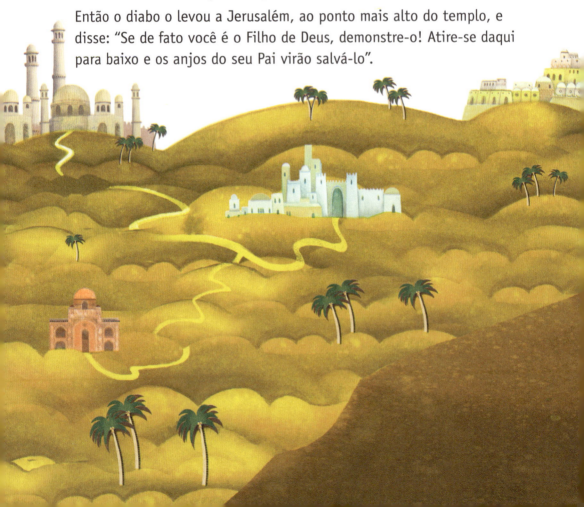

Jesus, porém, respondeu: "Não é justo desafiar o Senhor, pretendendo um milagre".

O diabo não se deu por vencido. Levou Jesus para o alto de uma montanha elevadíssima, e lhe mostrou os reinos da terra: "Darei a você todo o poder e a glória que você deseja, se você se ajoelhar diante de mim e me adorar". Então Jesus gritou: "Vá embora, Satanás! Está escrito: 'Você amará o Senhor seu Deus e somente a ele adorará'".

O diabo desapareceu e logo os anjos se aproximaram de Jesus e o serviram.

JESUS ESCOLHE DOZE AMIGOS

Jesus começou sua pregação na Galileia. Percorria as pequenas cidades e aldeias de pescadores que se encontravam ao longo das margens do lago de Tiberíades, anunciando: "Este é um tempo abençoado. O Reino de Deus está próximo. Convertam-se e creiam na boa notícia". Suas palavras tocavam o coração e o povo escutava maravilhado, formando multidões ao redor dele toda vez que ensinava.

Certo dia, Jesus viu duas barcas na praia e pescadores ocupados em lavar as redes. Subiu na barca de Simão, chamado Pedro, e pediu-lhe para se afastar um pouco da margem. Daí todos podiam vê-lo e escutá-lo sem dificuldade.

Quando acabou de ensinar, disse a Pedro: "Avance mais para o meio e lancem as redes". Pedro respondeu: "Mestre, eu e meu irmão André trabalhamos a noite toda sem apanhar coisa alguma. Mas, se você ordena, tentaremos novamente". Lançaram as redes e apanharam tal quantidade de peixes, a ponto de não conseguir puxá-los para dentro da barca.

"Venham ajudar", gritaram. Tiago e João, que haviam acompanhado o fato na praia, acudiram com a própria barca. Havia tão grande quantidade de peixes, que as duas barcas arriscavam afundar. Enquanto os pescadores olhavam Jesus cheios de espanto, Pedro se lançou aos pés dele, dizendo: "Senhor, afaste-se de mim, sou um pecador".

Jesus respondeu: "Não tenha medo, Pedro. E também vocês, sigam-me. Farei de vocês pescadores de pessoas".

E eles deixaram tudo e foram com ele.

Também Filipe, jovem de Betsaida, a mesma cidade de Pedro e André, se tornara discípulo de Jesus. Cheio de entusiasmo, foi à procura do seu amigo Natanael, chamado Bartolomeu, e o encontrou pensativo debaixo de uma figueira: "Encontrei aquele de quem falaram Moisés e os profetas: é Jesus de Nazaré, filho de José!". Natanael o olhou perplexo: "Imagine só! Acaso alguma vez saiu coisa boa de Nazaré?". "Venha e verá", respondeu-lhe Filipe. Quando Jesus viu Natanael ir ao encontro dele, disse: "Eis um israelita no qual não há falsidade". "Me conhece?", perguntou. "Antes que Filipe o chamasse, eu vi você debaixo da figueira", respondeu Jesus. Natanael ficou de boca aberta: "Mestre, você é verdadeiramente o rei de Israel!". Sorrindo, Jesus lhe replicou: "Você crê em mim por tão pouco? Verá coisas maiores que estas. Siga-me".

Enquanto pregava ao longo das margens do lago, Jesus viu Mateus, o cobrador de impostos, sentado à mesa de trabalho. Era odiado por todos, pois trabalhava em benefício dos romanos invasores e ninguém queria ser amigo dele. Jesus se aproximou e, olhando-o com simpatia, lhe disse: "Siga-me".

Também Mateus se levantou e o seguiu.

Muitos outros seguiram a Jesus e se tornaram seus discípulos. Dentre eles, Jesus escolheu doze amigos, que chamou de "apóstolos", para que ficassem sempre com ele. Estes são os nomes deles: Simão, chamado Pedro, e seu irmão André; em seguida Tiago, filho de Zebedeu, e seu irmão João; Filipe e Bartolomeu; Tomé e Mateus; Tiago, filho de Alfeu, e Tadeu; Simão, o cananeu, e Judas Iscariotes.

UMA FESTA DE CASAMENTO

Houve um banquete de casamento em Caná da Galileia, aldeia a poucos quilômetros de Nazaré. Maria, a mãe de Jesus, havia sido convidada e também Jesus chegou à festa acompanhado por alguns dos seus discípulos. A família dos noivos era modesta e o banquete não era abundante como exigia a tradição, tanto é verdade que bem cedo o vinho começou a escassear. Era uma situação embaraçosa e a festa dos dois jovens esposos arriscava terminar cedo e mal. Maria percebeu isso e ficou preocupada. Disse ao filho: "Eles não têm mais vinho". Mas Jesus deu a impressão de não lhe dar ouvidos.

Maria, por nada desencorajada, disse aos serventes: "Façam tudo o que ele lhes disser". Então Jesus mandou encher de água seis grandes jarras de pedra que se encontravam lá. Quando estavam cheias até a borda, Jesus disse: "Agora levem uma taça ao mestre de mesa".

Os serventes ficaram pasmos ao ver que a água se transformara em vinho. O mestre de mesa, ao contrário, nada percebera, saboreou o vinho e exclamou: "Excelente! Podem servi-lo aos convidados". Depois foi ao encontro do esposo, dizendo: "Todos servem o vinho bom no início e, quando os convidados já beberam muito, põem à mesa o menos bom. Você, ao contrário, conservou o vinho melhor até agora".

A festa foi longe e a alegria continuou reinando entre os convidados.

AS BEM-AVENTURANÇAS

Certa manhã, vendo que grande multidão viera para escutá-lo, Jesus subiu uma colina e sentou-se.

O povo sentou-se ao redor dele na grama e ficou esperando.

Jesus começou a falar e disse:

"Bem-aventurados vocês pobres, porque o Reino dos céus será de vocês.

Bem-aventurados vocês que têm fome, porque serão saciados.

Bem-aventurados vocês que estão chorando, porque sorrirão.

Bem-aventurados vocês quando os odiarem e desprezarem porque são meus amigos. Nesse dia fiquem alegres, porque grande é nos céus a recompensa de vocês".

Todos o escutavam em silêncio.

E Jesus continuou: "Amem seus inimigos e rezem por eles. É fácil amar quem nos ama, mas que merecimento há nisso? A quem pedir o tempo de vocês, o amor de vocês, as coisas de vocês, deem tudo com generosidade, sem nada pretender em troca. Sejam filhos do Pai de vocês que está nos céus, que é bom com todos e faz o sol brilhar sobre justos e injustos".

Jesus disse também: "Quando rezarem, não desperdicem palavras, porque o Pai celeste sabe do que vocês têm necessidade antes mesmo que o peçam. Rezem com o coração, porque o Senhor conhece as dores de vocês e as suas alegrias mais ocultas. Rezem assim:

Pai nosso que estais no céu,
santificado seja o vosso nome,
venha a nós o vosso reino,
seja feita a vossa vontade,
assim na terra como no céu.
O pão nosso de cada dia nos dai hoje,
perdoai-nos as nossas ofensas
assim como nós perdoamos a quem nos tem ofendido,
e não nos deixeis cair em tentação,
mas livrai-nos do mal".

JESUS CURA OS DOENTES

Entre aqueles que cada dia vinham escutar Jesus havia muitos doentes: paralíticos em suas macas, cegos, epiléticos, surdos-mudos e também endemoninhados. Chegavam dos lugares mais remotos, acompanhados por parentes ou sustentados pelos amigos. Jesus tinha compaixão dos seus sofrimentos e, para demonstrar que o Reino de Deus já estava presente entre as pessoas, curava os doentes e libertava os endemoninhados.

Certo dia, um homem coberto de lepra lançou-se a seus pés, dizendo: "Mestre, se você quiser, pode curar-me". A lepra era uma doença repugnante, não havia tratamento e, por medo do contágio, quem era acometido devia viver isolado de todos. À dor causada pela doença acrescentava-se a dor da solidão e do desprezo das pessoas. Mas Jesus não tinha medo, estendeu a mão e, tocando o leproso, disse: "Quero que você fique curado". Imediatamente a lepra desapareceu.

A notícia do milagre se espalhou rapidamente e multidões sempre mais numerosas acorriam para escutá-lo e ser curadas.

Jesus, com seus discípulos, voltava frequentemente a Cafarnaum, a aldeia junto ao lago de Tiberíades, onde seus primeiros amigos o haviam acolhido.

Enquanto se encontrava aí, em um dia de sábado Jesus entrou na sinagoga e começou a ensinar. Muitos vieram para escutá-lo, e entre eles havia um homem com a mão paralisada. Os fariseus pensavam: "Como ele irá sair dessa? É sábado e, aos sábados, não é permitido realizar qualquer atividade, inclusive as curas...".

Jesus, conhecendo os pensamentos deles, disse ao homem com a mão paralisada: "Levante-se, venha aqui para o centro", e a seguir continuou, dirigindo-se aos fariseus: "O que é justo fazer em dia de sábado? Fazer o bem ou fazer o mal? Salvar alguém ou abandoná-lo ao seu destino?". Mas eles calavam. Entristecido pela dureza do coração deles, Jesus disse ao homem: "Estenda a mão!". O homem estendeu a mão e levantou-a completamente curado.

Outro dia, também em Cafarnaum, o povo se reuniu para saudá-lo e escutá-lo. Chegaram também quatro homens que transportavam um amigo paralisado, estendido numa maca.

Queriam que Jesus o curasse, mas era impossível chegar perto dele.

A casa que o hospedava estava lotada e a multidão estava junto à porta e nas ruas ao redor.

Os quatro não perderam a coragem, subiram ao telhado da casa, afastaram as tábuas e as palhas que o cobriam e, por meio de cordas, desceram a maca do paralítico no centro da sala, exatamente diante de Jesus. Comovido com a fé deles, Jesus disse: "Filho, os seus pecados estão perdoados".

Havia aí alguns escribas e fariseus que começaram a cochichar entre eles: "O que está dizendo? Somente Deus pode perdoar os pecados". Jesus compreendeu aquilo que estavam pensando, e perguntou: "O que é mais fácil? Dizer: 'Os seus pecados estão perdoados' ou 'Levante-se e ande'? Para demonstrar que Deus me deu o poder de perdoar os pecados aqui na terra, digo-o a você, levante-se e ande!".

O paralítico se levantou, pegou sua maca e, sob o olhar maravilhado de todos, foi embora feliz e caminhando com as próprias pernas.

A TEMPESTADE NO LAGO

Caíra a tarde, e Jesus, após ter pregado o dia inteiro à beira do lago, disse a seus discípulos: "Vamos para a outra margem". Tomaram a barca e partiram. A barca deslizava velozmente sobre a água e Jesus estava muito cansado. Deitou-se numa esteira e dormiu.

Enquanto se encontravam no meio do lago, de repente o tempo mudou e desabou uma violenta tempestade. O vento sacudia a barca e as ondas estavam prestes a afundá-la.

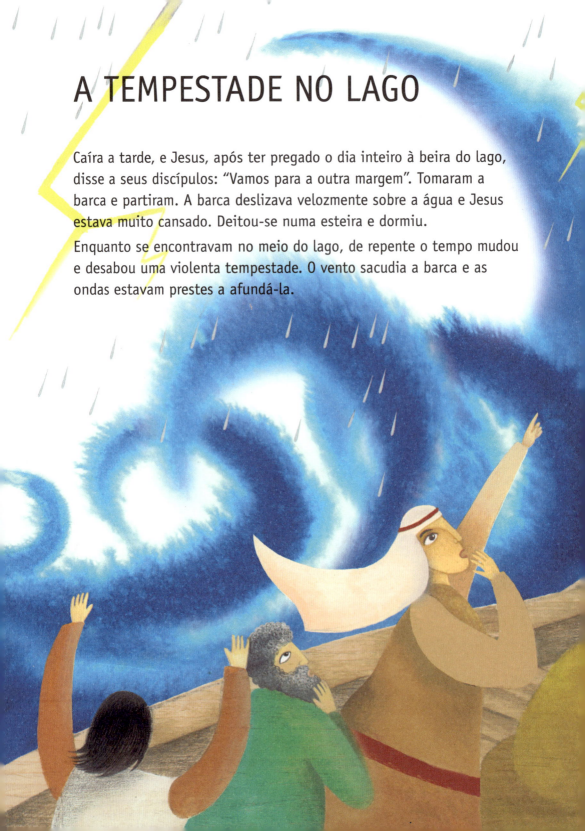

Mas Jesus continuava dormindo. Apavorados, os discípulos o acordaram: "Mestre, estamos prestes a afundar! Você não se importa com as nossas vidas?". Então Jesus se levantou, ameaçou o vento e disse ao lago: "Calado! Acalme-se!". O vento cessou de repente e as águas se tornaram tranquilas. A seguir, dirigiu-se aos discípulos: "Por que estão com medo? Estão comigo! Ainda não confiam?".

Os discípulos o olhavam maravilhados e cheios de temor e comentavam entre eles: "Mas quem é verdadeiramente este homem? Até o vento e as ondas lhe obedecem!".

CINCO PÃES E DOIS PEIXES

Os dias de Jesus eram intensos. O povo não lhe dava sossego, todos queriam ouvi-lo, pediam-lhe conselho e lhe apresentavam os doentes. Certo dia, tendo chegado à margem do lago, encontrou a multidão aglomerada esperando-o. Quando os viu, Jesus sentiu grande ternura: eram como ovelhas perdidas, sem um pastor que cuidasse delas. Então esqueceu o cansaço e decidiu ficar com eles. Consolou as tristezas e curou os males. A todos falava do Reino de Deus.

Entretanto, as horas passavam, o pôr do sol chegando e ninguém tocara em alimento desde a manhã. Os discípulos, preocupados, disseram a Jesus: "Já é tarde. Despeça-os, assim poderão ir às aldeias aqui perto e comprar algo para comer". Jesus respondeu: "Não é preciso que vão embora. Vocês é que devem dar-lhes de comer". Olharam-no atordoados, e Filipe disse: "Onde encontraremos pão para todas essas pessoas? Estamos em lugar deserto. Além disso, o dinheiro não é suficiente sequer para comprar um pedacinho para cada um!". Interveio André, o irmão de Pedro: "Há aqui um rapaz com cinco pães de cevada e dois peixes. Mas é tão pouco!".

Então Jesus disse: "Façam sentar-se". Todos sentaram-se na grama. Eram cerca de cinco mil pessoas. Jesus tomou os cinco pães e os dois peixes, recitou a bênção e os partiu. Depois convidou os discípulos para distribuí-los. E quanto mais os distribuíam, mais os pães e os peixes se multiplicavam. Todos comeram à saciedade. E, quando terminaram, os discípulos recolheram doze cestos de sobras de pedaços de pão.

JESUS SE TRANSFIGURA

Após ter despedido a multidão, enquanto estavam próximos da cidade de Cesareia de Filipe, Jesus perguntou a seus discípulos: "Na opinião do povo, quem sou eu?". Eles responderam: "Alguém diz que você é um grande profeta, outros dizem que você é Elias que voltou, outros Jeremias, outros ainda João Batista...". Enquanto diziam essas coisas, Jesus os interrompeu e perguntou: "E, para vocês, quem sou eu?".

Os discípulos ficaram em silêncio, olhavam um para o outro sem ter coragem de responder. Então Pedro tomou a palavra e, entusiasmado, disse: "Você é o Cristo, o filho do Deus vivo!".

Jesus disse: "Feliz você, Pedro! Aquilo que está dizendo você não o compreendeu sozinho; foi revelado a você por meu Pai que está nos céus. Você será a pedra sobre a qual construirei a minha Igreja e os poderes do mal não poderão destruí-la". Em seguida, ordenou a seus discípulos não dizer a ninguém que ele era o Salvador.

A partir desse momento, Jesus começou a explicar aos discípulos que deveria sofrer muito, ser morto e ressuscitar dos mortos no terceiro dia. Mas os discípulos não conseguiam compreender o que ele queria dizer.

Alguns dias depois, Jesus tomou consigo Pedro, Tiago e João e subiu a um monte para rezar. Enquanto rezava, os discípulos viram o rosto dele brilhar como o sol e sua túnica tornar-se branca e brilhante. Ao lado de Jesus apareceram Moisés e o profeta Elias, e conversavam com ele.

Os discípulos acreditavam estar sonhando, e Pedro disse: "Mestre, é bom estar aqui. Construiremos três tendas, uma para você, uma para Moisés e uma para Elias". Mas, logo que acabou de falar, uma nuvem luminosa os envolveu e ouviram uma voz que dizia: "Este é o meu filho amado. Escutem-no!". Então prostraram-se por terra, cheios de temor e apavorados. Quando levantaram o olhar, Elias e Moisés haviam desaparecido e Jesus voltou a ser o de sempre.

Enquanto desciam do monte, Jesus lhes recomendou não contar a ninguém, até a sua ressurreição, aquilo que acontecera.

A DOR DE UMA MÃE E DE UM PAI

Durante a viagem, Jesus passou por Naim, pequena cidade próxima a Nazaré. Chegando às portas da cidade, vinha ao encontro dele um cortejo de pessoas. Era o enterro de um rapaz, único filho de uma mulher viúva. Quando Jesus a viu chorando, desesperada, encheu-se de compaixão, aproximou-se dela e disse: "Mulher, não chore". Depois fez um sinal para que os carregadores do caixão parassem e, voltado para o defunto, disse: "Jovem, eu lhe ordeno, levante-se!".

O rapaz se levantou e ficou sentado. Jesus tomou a mão do jovem e a pôs na mão da mãe. Agora, a mulher derramava lágrimas de alegria. Todos estavam estupefatos, e alguns diziam: "Há um grande profeta entre nós!". Outros ainda: "Deus visitou seu povo".

Também em Cafarnaum aconteceu algo parecido. Um homem chamado Jairo, um dos chefes da sinagoga, certo dia se apresentou a ele e se lançou a seus pés, dizendo: "Minha menina está morrendo! Venha comigo, salve-a!".

Jesus se comoveu e o seguiu, porém, a multidão com seus pedidos o segurava e atrasava a viagem.

Durante o trajeto, um servo de Jairo o alcançou e disse ao patrão: "Tarde demais, sua filha morreu. Não adianta continuar atrapalhando o Mestre". Mas Jesus interveio: "Não tenha medo, continue tendo confiança em mim!". E continuaram a viagem para a casa. Quando chegaram, encontraram pessoas que choravam e gritavam. "Por que vocês se agitam desse jeito?", disse Jesus. "A menina não morreu, simplesmente está dormindo."

Acharam que estava louco. Então, Jesus pôs todos para fora da sala onde estava a menina, e deixou que ficassem apenas os pais e seus discípulos; depois, sentou-se perto dela e pegou-a pela mão, dizendo: "Menina, levante-se!". A menina se levantou e sorriu, como depois de um longo sono. "Agora está bem. Deve estar com fome, deem comida a ela", concluiu Jesus.

O SEMEADOR

Era agradável escutar Jesus, as pessoas nunca se cansavam. Ninguém jamais lhes falara assim. Suas palavras tocavam o coração, e até as coisas difíceis, ditas por ele, tornavam-se simples.

Com frequência narrava histórias, chamadas de parábolas, que tomava como exemplo a vida de cada dia.

Certa vez, Jesus disse: "Escutem. Um agricultor foi ao campo semear. Parte das sementes caiu na estrada e logo os pássaros vieram comê-las. Parte das sementes caiu em meio às pedras, onde havia pouca terra, e, logo que apareceram os brotos, o sol os secou, pois não tinham raízes profundas. Parte das sementes caiu entre espinheiros e, quando os espinheiros cresceram, sufocaram os brotos. A última parte das sementes caiu em terra boa e, quando brotou, produziu muito fruto".

Jesus explicou assim a parábola: "O semeador é Deus, que não se cansa de anunciar às pessoas o seu Reino, a semente é a Palavra de Deus e o terreno é o coração da pessoa. A semente que caiu no caminho é como a pessoa que escuta a Palavra de Deus, mas não a põe em prática. A semente que caiu entre as pedras é como a pessoa que acolhe a palavra de Deus, mas na primeira dificuldade desanima. A semente que caiu entre espinheiros é como a pessoa que se deixa distrair pelo dinheiro e pelas preocupações diárias. A semente que caiu em terra boa é como a pessoa que acolhe a Palavra de Deus e a põe em prática".

O REINO DOS CÉUS É COMO...

Para explicar o que seria o Reino dos céus, do qual sempre falava, Jesus usou estas parábolas: "O Reino dos céus é como um grãozinho de mostarda, a menor de todas as sementes do mundo. Mas, uma vez brotado, cresce até tornar-se a maior planta da horta, e os pássaros podem fazer o ninho entre seus ramos.

O Reino dos céus é como uma pitada de fermento que uma mulher mistura com a farinha. Quando a massa estiver totalmente fermentada, ela a levará para assar, produzindo muito pão.

O Reino dos céus é como um tesouro escondido num campo, que um homem descobre por acaso. Cheio de alegria, o homem esconde novamente o tesouro. A seguir, corre para vender todos os seus bens e adquirir aquele campo.

O Reino dos céus é como um comerciante à procura de pérolas preciosas. Quando encontra a pérola mais preciosa de todas, vende aquilo que tem e a compra. E é feliz por possuir aquela única pérola".

A quem lhe perguntava: "Mas quando virá o Reino dos céus?", Jesus respondia: "O Reino dos céus não virá de modo a atrair a atenção. Ninguém poderá dizer: 'Ei-lo aqui' ou 'Ei-lo lá'.

O Reino dos céus já está no meio de vocês".

O BOM SAMARITANO

Certo dia, no meio da multidão que escutava Jesus, havia um doutor da lei, daqueles que conhecem bem as Escrituras.

Para pôr Jesus à prova, levantou-se e disse: "O que preciso fazer para ganhar a vida eterna?". Jesus respondeu com uma pergunta: "O que dizem as Escrituras?". "Amar a Deus com todo o meu coração e com todas as minhas forças e amar o meu próximo como a mim mesmo", respondeu o doutor. "Faça isso e viverá", disse ainda Jesus. Mas o doutor não quis dar-se por vencido e disse ainda: "Quem é o meu próximo?".

Jesus respondeu contando esta parábola: "Um homem viajava de Jerusalém a Jericó, quando foi assaltado pelos bandidos. Roubaram-lhe tudo e o feriram, deixando-o meio morto à beira do caminho. Passaram por essa mesma estrada primeiramente

um sacerdote e depois um levita, um adido a serviço no templo, mas nenhum dos dois parou para socorrê-lo, e rapidamente se afastaram daquele lugar perigoso. Passou por lá um samaritano e, quando viu o homem naquelas condições, compadeceu-se dele. Parou, fez curativo nas feridas, carregou-o sobre o próprio jumento e o levou à pousada mais próxima. No dia seguinte, devendo partir, deu dinheiro ao dono da pensão, dizendo: 'Cuide dele e, se for necessário, quando eu voltar, pagarei o restante'".

Jesus concluiu, perguntando: "Qual dos três foi o próximo daquele infeliz?". O doutor da lei respondeu: "Aquele que teve compaixão dele".

Jesus então lhe disse: "Comporte-se assim também".

A OVELHA PERDIDA

Também os pecadores se aproximavam de Jesus para escutá-lo, e ele não negava sua amizade a ninguém. Os escribas e os fariseus estavam escandalizados: "Não é justo ser amigo de quem pratica o mal. Jesus até come na casa deles".

Então Jesus contou esta parábola: "Certo homem tinha cem ovelhas, gostava de todas e as conhecia uma por uma. Certo dia percebeu que uma das ovelhas havia desaparecido. Deixou as outras noventa e nove e foi à procura da ovelha perdida.

Procurou-a por tudo, até encontrá-la. Cheio de alegria, colocou-a nos ombros e, chegando a casa, chamou amigos e vizinhos: 'Venham, vamos festejar, porque encontrei a minha ovelha!'".

Jesus disse: "Há mais alegria no céu por um só pecador que se converte do que por noventa e nove justos que não precisam de conversão".

OS DOIS FILHOS

Para fazer compreender quão bom é Deus e pronto a perdoar, Jesus contou esta outra parábola: "Um homem muito rico tinha dois filhos. Certo dia, o filho mais jovem disse ao pai: 'Dê-me a minha parte da herança, quero ir embora desta casa e conhecer o mundo'.

O pai ficou desgostoso, mas fez como o filho lhe havia pedido.

Juntando suas coisas, o jovem partiu para um país distante, onde gastou todo o seu patrimônio em festas e diversões. Tendo ficado sem um centavo, procurou ganhar a vida para se manter, porém, o único que lhe deu trabalho foi um agricultor, que o enviou aos campos para cuidar dos porcos.

A carestia se abatera sobre aquele país e o rapaz continuava ali, sozinho e com fome, e olhou com inveja para os porcos que pelo menos tinham as bolotas para se alimentar. Então começou a pensar: 'O que estou fazendo aqui? Lá em casa até os empregados são tratados bem e têm pão em abundância. Voltarei a meu pai, lhe pedirei perdão e lhe proporei trabalhar para ele como se fosse um assalariado'. Levantou-se e partiu.

Quando ainda estava longe, o pai o viu chegando. Seu coração começou a bater forte de felicidade. Correu ao encontro do filho e pôs os braços em torno do seu pescoço. O filho estava confuso e emocionado: 'Pai, errei, não sou mais digno de ser chamado seu filho', disse. Mas o pai chamou os servos: 'Depressa! Tragam aqui a veste mais bela e façam que ele a vista! Peguem um bezerro gordo no estábulo, matem-no e façam o assado! Esta tarde vamos fazer festa, pois o filho que eu acreditava perdido voltou para casa'".

Mas a parábola ainda não terminara: "O filho mais velho estava trabalhando nos campos. Quando à tarde voltou e soube que a festa era para o irmão, ficou cheio de raiva e se recusou a entrar em casa. Então o pai saiu para suplicar-lhe, mas ele respondeu: 'Não é possível! Eu sempre fiz meu dever, nunca lhe desobedeci, e você nunca me deu sequer um cabritinho para festejar com meus amigos. Agora esse incapaz voltou depois de gastar todo o seu dinheiro, e você não só o perdoa, mas lhe proporciona também uma grande festa!'.

O pai lhe disse: 'Filho, você sempre esteve comigo e as coisas que me pertencem são suas. Mas seu irmão era como se estivesse morto e agora voltou a viver, estava perdido e agora eu o encontrei'".

OS TALENTOS

Deus é pai generoso que preenche de bens seus filhos, mas a cada um confia uma tarefa particular. Para explicar isso, Jesus narrou uma parábola que falava de moedas de grande valor: os talentos.

"Antes de partir para uma longa viagem, um homem chamou seus três servos e confiou-lhes suas riquezas. Ao primeiro servo entregou cinco talentos; ao segundo, dois e ao terceiro, um talento, de acordo com a capacidade de cada um. Os dois primeiros servos logo se comprometeram com entusiasmo a fazer frutificar o dinheiro recebido. O terceiro servo, ao contrário, era um tipo medroso e desconfiado: abriu um buraco no chão, escondendo aí seu talento. Depois de muito tempo o patrão voltou, chamou os servos e pediu contas do que fizeram. O primeiro servo disse: 'Senhor, você me entregou cinco talentos. Aqui estão mais cinco'. 'Bravo! Você foi servo fiel', respondeu

o patrão. 'Venha festejar comigo.' O servo que recebera dois talentos disse: 'Veja, Senhor, lucrei outros dois talentos'. 'Você também foi servo bom e fiel', disse o patrão. 'Venha festejar comigo.'

Por fim, apresentou-se o terceiro servo: 'Senhor, eu não quis correr riscos. O talento que você me confiou eu o pus em segurança debaixo da terra. Aqui está'. 'Mas como?', respondeu o patrão. 'Você sabia que eu voltaria e pediria o meu dinheiro com juros. Você podia ter investido nele e ter feito frutificar!'. Ordenou, portanto, que seu talento fosse entregue a quem se esforçara mais, e o servo fosse expulso.

Quando o Senhor voltar para julgar o mundo, pedirá contas do amor que concedeu a vocês. Não escondam aquilo que receberam, mas multipliquem-no para o bem de todos".

AS DUAS CASAS

Jesus dizia aos que acorriam para escutá-lo: "Por que me procuram invocando-me 'Senhor, Senhor', mas depois não fazem aquilo que lhes digo?".

Certo dia, contou-lhes esta parábola: "Quem escuta as minhas palavras e as pratica é como aquele homem sábio que, decidido a construir uma casa para si, escava seus alicerces na rocha. Vem a chuva, os rios transbordam e os ventos sopram, mas a casa é sólida e segura porque construída sobre a rocha.

Quem escuta as minhas palavras, mas não as pratica, é como aquele homem insensato que, para construir sua casa, escolhe um terreno arenoso. Vem a chuva, os rios transbordam e os ventos sopram, e sua casa desaba por estar construída sobre o nada, sobre aquilo que não pode sustentá-la".

JESUS E AS CRIANÇAS

Certo dia, enquanto caminhavam, entre os discípulos houve animada discussão. Jesus deu a impressão de que não era nada, porém mais tarde perguntou: "Qual era o assunto da conversa de vocês pelo caminho hoje?". Os discípulos haviam discutido para ver quem deles era o mais importante, porém agora ficavam calados.

Então Jesus os fez sentar ao redor dele, chamou uma criança e disse: "Quem deseja ser grande, deve tornar-se pequeno como esta criança. Aos olhos de Deus, a verdadeira grandeza é a de quem é humilde e se põe a serviço de todos. Lembrem-se: Quem acolhe uma destas crianças em meu nome, acolhe a mim".

Enquanto isso, as pessoas levavam as crianças a Jesus para que as abençoasse.

Mas os discípulos as afastavam. Jesus os repreendeu: "Deixem que as crianças venham a mim, não as impeçam. O Reino dos céus pertence a quem é como elas".

A seguir, as abraçou e abençoou uma por uma.

UMA VISITA NOTURNA

Entre os fariseus havia um homem chamado Nicodemos, um doutor da lei. Alguns doutores da lei não viam Jesus com bons olhos, mas Nicodemos desejava encontrar o homem do qual todos falavam.

Esperou que anoitecesse e foi a ele. "Mestre, sei que você tem o poder de fazer milagres e foi enviado por Deus". Jesus lhe respondeu: "Quem não nasce de novo não pode ver o Reino de Deus". Nicodemos estava perplexo. "O que significa 'nascer de novo'? Uma pessoa não pode ser dada à luz duas vezes". "Nascemos quando somos dados à luz, mas nascemos também quando mudamos nossa forma de viver, deixando-nos guiar pelo Espírito de Deus. É desse segundo nascimento que falo com você." Nicodemos perguntou ainda: "Como pode acontecer isso?".

"Você é um mestre em Israel, deveria saber essas coisas", respondeu Jesus. "Quem vive amando, a cada dia é pessoa nova, renasce a cada dia!"

Nicodemos não compreendia tudo aquilo que Jesus lhe dissera, mas, a partir daquele momento, gostou dele e se tornou seu amigo.

A MULHER JUNTO AO POÇO

Durante a viagem pela Samaria, Jesus parou para descansar junto a um poço. Chegou ao poço uma mulher carregando uma ânfora para tirar água. Era meio-dia, fazia muito calor e Jesus disse à mulher: "Dê-me de beber". "Como é que você, judeu, pede de beber a mim, samaritana? Entre nossos dois povos não há boas relações", observou a mulher.

Jesus respondeu: "Se você soubesse quem é aquele que lhe pede de beber, você lhe suplicaria para matar a própria sede com água viva".

A mulher não compreendia esse discurso estranho: "O poço é fundo, e você sequer tem balde para tirá-la. De onde tiraria essa água viva?". "Quem bebe a água deste poço terá novamente sede. Mas quem beber a minha água nunca mais terá sede", disse-lhe Jesus. "Dê-me, então, essa água, assim não serei mais obrigada a vir aqui", rebateu a mulher, pouco convicta.

"Chame seu marido", disse-lhe Jesus.

"Eu não tenho marido", respondeu-lhe a mulher.

"Estou sabendo", retomou Jesus, "você teve cinco maridos, e o homem com quem está vivendo não é seu marido". A mulher olhou para ele, maravilhada: "Como é que você sabe? Você é um profeta? Então diga-me onde se deve adorar a Deus? Meu povo o adora neste monte, vocês, por outro lado, afirmam que é preciso adorá-lo no templo de Jerusalém".

Jesus lhe disse: "Nem nesse monte nem em Jerusalém. Adora-se a Deus com o coração e a vida. Esta é a verdade da oração. Somente assim experimenta-se a ação do Espírito de Deus". Retomou mais uma vez a mulher: "Eu sei que deve vir o Salvador e, quando vier, nos anunciará todas as coisas".

"Sou eu que falo com você", disse Jesus.

A mulher deixou cair a ânfora, correu à cidade, e a todos os que encontrava dizia: "Venham, depressa! Há um homem que me disse tudo o que fiz! Não seria ele o Salvador?".

Os habitantes da cidade foram a ele e o escutaram falar. Depois disseram à mulher: "Agora também nós acreditamos que Jesus é o Salvador do mundo". E Jesus ficou com eles dois dias.

UM HOMEM NA ÁRVORE

Vivia na cidade de Jericó um homem chamado Zaqueu.

Ficara rico coletando as taxas em nome dos romanos, e seu comportamento nem sempre foi honesto.

O povo sabia disso e o detestava.

Certo dia, espalhou-se a notícia de que Jesus havia chegado à cidade e todos correram para a estrada. Também Zaqueu estava curioso para ver o Mestre do qual todos falavam, mas era de estatura baixa e, por mais que esticasse o pescoço e ficasse na ponta dos pés, as pessoas à sua frente o impediam. Então correu à frente e subiu numa árvore. "Ele terá de passar por aqui!", pensou.

Quando Jesus passou debaixo da árvore, olhou para cima e disse: "Zaqueu, desça rápido, pois hoje vou ficar na sua casa".

Todos murmuravam: "Será que de fato tem a intenção de ir à casa desse desonesto?". Zaqueu, ao contrário, explodia de alegria. Jesus se lembrou dele! Queria ser seu amigo! E quando Jesus chegou à casa dele, Zaqueu o recebeu, dizendo: "Senhor, quero dar a metade dos meus bens aos pobres e, se roubei alguém, restituo-lhe quatro vezes mais". Jesus respondeu: "Zaqueu, hoje nesta casa entrou a salvação. De fato, eu vim para buscar e salvar quem como você estava perdido".

O CEGO BARTIMEU

Saindo de Jericó, Jesus e seus discípulos cruzaram com um cego de nome Bartimeu, que estava sentado mendigando. Assim que compreendeu que Jesus estava passando, o cego começou a gritar: "Filho de Davi, tenha piedade de mim!".

Jesus parou e disse: "Chamem-no". Foram a ele: "Coragem, levante-se! Jesus quer conhecer você". O cego, feliz, arremessou para longe o manto, ficou de pé e foi até Jesus.

Jesus lhe perguntou: "Amigo, o que deseja que eu faça por você?".

O cego respondeu: "Mestre, que eu veja novamente".

E Jesus lhe disse: "Vá, a sua fé salvou você".

Com estas palavras, Bartimeu readquiriu a visão, e cheio de alegria seguiu a Jesus, tornando-se seu discípulo.

JESUS CHORA POR UM AMIGO

No caminho que levava a Jerusalém, havia a aldeia de Betânia. Aí viviam três irmãos: Marta, Maria e Lázaro. Eram amigos de Jesus e sempre o acolhiam com alegria na casa deles. Quando isso acontecia, Maria ficava sentada aos pés de Jesus sem pensar em outra coisa. Ao contrário, Marta se agitava de mil modos para demonstrar o quanto se importava com ele.

Certo dia, Lázaro adoeceu gravemente, e as irmãs avisaram o Mestre. Jesus gostava muito de Lázaro, mas estranhamente não se apressou para chegar ao amigo.

Quando finalmente chegou a Betânia, Lázaro já estava morto. Marta correu ao encontro de Jesus e, chorando, lançou-se aos pés dele, dizendo: "Se você estivesse aqui, meu irmão não teria morrido!". Jesus lhe disse: "Seu irmão ressuscitará". "Sei que ressuscitará no final dos tempos", replicou Marta. E Jesus: "Eu sou a ressurreição e a vida. Quem crê em mim não morre, mas viverá para a eternidade. Você acredita nisso?".

Marta respondeu: "Sim, Senhor, eu creio".

Marta foi chamar a irmã Maria que ficara em casa, e também ela se lançou aos pés de Jesus, chorando. Jesus se comoveu e chorou com ela. A seguir, pediu para ir ao túmulo de Lázaro, uma gruta fechada por grande pedra, e ordenou: "Tirem a pedra". Marta disse: "Senhor, nosso irmão está sepultado faz quatro dias. Já está exalando mau cheiro!". Respondeu Jesus: "Não lhe disse que se acreditar verá a glória de Deus?".

Tiraram a pedra. Jesus, depois de ter rezado ao Pai, gritou: "Lázaro, venha para fora!". E Lázaro saiu do túmulo, ainda envolto nas bandagens funerárias, vivo. Jesus disse: "Livrem-no e deixem que ande".

Muitos viram este milagre e muitos acreditaram nele, porém, outros foram aos fariseus e aos chefes dos sacerdotes e contaram o que Jesus tinha feito. "O que fazemos?", perguntaram-se. "Se não o detivermos, todos crerão nele".

E a partir desse dia decidiram matar Jesus.

A PECADORA PERDOADA

Os fariseus e os doutores da lei estavam cada mais preocupados. Jesus encontrava os samaritanos e ficava à vontade em companhia dos pecadores. Então, procuravam de todas as formas colocá-lo em dificuldades, pois assim o povo deixaria de vez de ouvi-lo.

Certa manhã, Jesus estava pregando no templo de Jerusalém. De repente, ouviram-se gritos: um grupo de fariseus chegou arrastando de modo grosseiro uma mulher: "Mestre, esta mulher traiu seu marido. Segundo a lei de Moisés, deve ser apedrejada. Você, o que diz?".

"Vamos ver como sai dessa", pensavam. "Se condenar esta mulher, nós diremos que seus discursos sobre o perdão são apenas mentiras. Se não a condenar, teremos a prova de que não respeita a lei".

Jesus não respondia, parecia distraído. Mas eles insistiam: "Diga-nos o que pensa".

Então Jesus disse: "Quem de vocês não tem pecado, atire a primeira pedra". Inclinou-se e começou a traçar com o dedo sinais no pó. Todos fizeram silêncio, depois, um por um, foram embora, começando pelos mais velhos.

A mulher havia ficado só. Jesus ergueu os olhos e disse: "Mulher, onde estão os seus acusadores? Alguém condenou você?".

"Não, Senhor", respondeu a mulher.

Jesus lhe disse: "Nem eu a condeno. Vá, e de agora em diante não peque mais".

O AZEITE AROMÁTICO

Antes da festa da Páscoa, Jesus com os discípulos voltaram a Betânia, onde Lázaro o acolheu em sua casa. Como de costume, Marta preparou o jantar para os hóspedes. Maria, em vez disso, pegou um vaso de precioso azeite aromático, ajoelhou-se, derramou-o sobre os pés de Jesus e depois os enxugou com seus cabelos. O aroma intenso do azeite se espalhou por toda a casa.

Todos ficaram surpresos. Judas Iscariotes, um dos apóstolos, disse escandalizado: "Por que desperdiçar um perfume tão caro? Não se podia vendê-lo e dar o dinheiro aos pobres?".

Porém, não era sincero, os pobres não lhe importavam de modo nenhum.

"Deixe-a em paz, Judas. Ela fez um gesto de amor", respondeu Jesus. "Os pobres vocês os terão sempre perto, mas a mim vocês não terão para sempre. Este azeite não foi desperdiçado. Ungiu meu corpo, preparando-o para a sepultura". Estas palavras pareceram misteriosas para quem estava escutando, mas logo eles compreenderiam.

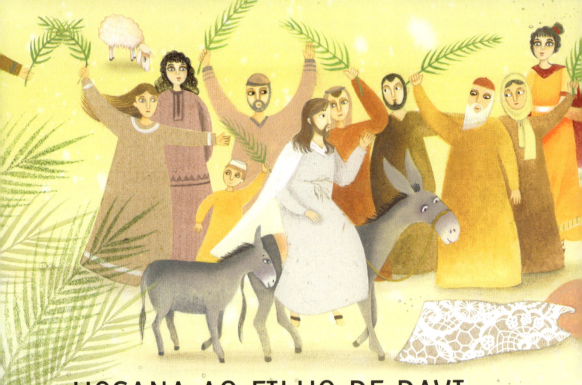

HOSANA AO FILHO DE DAVI

No dia seguinte, Jesus partiu com seus discípulos para Jerusalém. Quando chegaram ao monte das Oliveiras, já à vista da cidade, Jesus enviou dois discípulos a uma aldeia, dizendo: "Encontrarão uma jumenta que tem junto de si um jumentinho. Desamarrem e tragam para mim. Se alguém lhes perguntar o que estão fazendo, responderão: 'O Senhor precisa'".

Fizeram como ordenara, pegaram os dois animais, estenderam sobre a jumenta seus mantos e Jesus montou.

Grande multidão se reunira em Jerusalém para a festa de Páscoa.

Quando se espalhou a notícia de que Jesus estava para chegar, o povo foi ao seu encontro, agitando ramos de palmeira e estendendo os mantos à sua passagem. Muitos haviam assistido aos milagres que ele realizara e agora gritavam cheios de alegria: "Hosana ao filho de Davi!

Bendito aquele que vem em nome do Senhor! Hosana no mais alto dos céus".

Acompanharam-no até o interior da cidade, aclamando-o como o rei portador de paz anunciado pelos profetas.

Os fariseus e os chefes dos sacerdotes estavam furiosos, querendo calar a multidão. Disseram a Jesus: "Mas você não ouve o que estão dizendo? Repreende-os!". Jesus respondeu: "Se eles calarem, as pedras gritarão".

Os chefes dos sacerdotes convocaram o conselho. "Agora chega", diziam entre si. "Precisamos agir apressadamente. Se não interviermos logo, farão dele rei. Então será tarde demais". Mas não sabiam como agir.

Judas Iscariotes, um dos doze, veio em socorro deles, foi às escondidas encontrá-los e disse: "O que me darão se eu lhes entregar Jesus?".

E eles lhe prometeram trinta moedas.

A partir desse momento, Judas buscou a ocasião para entregá-lo.

O LAVA-PÉS

Ao entardecer da festa, Jesus e os apóstolos se prepararam para consumir juntos a solene ceia de Páscoa. Reuniram-se numa grande sala e, antes de se sentar à mesa, Jesus tirou o manto, pegou um pano e o amarrou em volta da cintura. Depois, derramou água numa bacia, ajoelhou-se e começou a lavar os pés dos seus amigos.

Os apóstolos estavam surpresos, e Pedro se revoltou: "Senhor, você lava os meus pés?". Jesus lhe respondeu: "Agora você não compreende, mas compreenderá mais adiante. Se não lavar seus pés, não poderá compartilhar plenamente o que sou e vivo".

Quando terminou, sentou-se à mesa e disse: "Vocês me chamam Senhor e Mestre. E é verdade, porque eu sou. Se, portanto, eu, o Senhor e o Mestre, lavei os pés de vocês, também vocês devem servir um ao outro. Dei-lhes o exemplo para que façam como eu".

Depois de ter dito essas coisas, Jesus ficou triste e declarou: "Nesta noite, um de vocês me trairá".

Os apóstolos estavam chocados e olhavam-se uns aos outros, dizendo: "De quem está falando?".

João, que estava sentado ao lado dele, lhe perguntou: "Senhor, quem é?". Jesus respondeu: "Aquele a quem eu der um pedaço de pão umedecido no meu prato".

O PÃO E O VINHO

Enquanto comiam, Jesus tomou o pão, rezou uma oração de bênção, o partiu e deu um pedacinho a cada um dos apóstolos: "Tomem e comam, este é o meu corpo".

Em seguida, tomou um cálice de vinho, abençoou-o e o passou aos apóstolos, dizendo: "Bebam todos. Este é o meu sangue, derramado para a nova aliança entre Deus e as pessoas e para o perdão dos seus pecados. Façam isto em memória de mim".

Judas pegou o bocado de pão, levantou-se e saiu na noite.

Sabendo que morreria, naquela noite Jesus conversou demoradamente com os seus amigos, a fim de prepará-los para o que ia acontecer: "Não se apavorem. Eu vou preparar-lhes um lugar e um dia estaremos novamente juntos". E disse também: "Se fizerem aquilo que lhes ordeno permanecerão para sempre no meu amor. Este é o meu mandamento: Amem-se uns aos outros como eu amei vocês. Ninguém tem amor maior que este: dar a vida pelos próprios amigos. E vocês são meus amigos. Eu lhes digo estas coisas porque quero que tenham paz e alegria".

E, concluiu, dizendo: "No mundo vocês irão ao encontro de muitas provações e sofrimentos, mas tenham coragem: Eu venci o mundo".

NO MONTE DAS OLIVEIRAS

Após cantarem juntos o hino da festa, saíram, dirigindo-se ao monte das Oliveiras. Enquanto caminhavam, Jesus disse: "Todos vocês me renegarão e me deixarão sozinho".

"Ainda que todos os outros façam isso, eu não. Ainda que me custasse a vida, eu não o renegarei!", afirmou Pedro com força. Mas Jesus lhe respondeu: "Exatamente você, Pedro, esta noite, antes que o galo cante, me negará três vezes".

Alcançaram um lugar chamado Getsêmani, e Jesus disse aos apóstolos: "Sentem-se aqui enquanto eu rezo". Depois, sentindo que a angústia o assaltava, pediu para que o seguissem Pedro, João e Tiago: "Fiquem vigilantes comigo, estou triste, sinto a necessidade de vocês estarem perto". Afastou-se deles um pouco e se prostrou com o rosto por terra, rezando assim: "Pai, eu lhe suplico, afaste de mim esta prova! Porém, não a minha, mas a sua vontade seja feita".

Em seguida, foi ao encontro dos seus amigos e os encontrou dormindo. Sacudiu Pedro: "Está dormindo? Não consegue ficar acordado comigo por uma hora apenas? E vocês também, rezem! Façam com que sejam encontrados prontos". Afastou-se novamente para rezar ao Pai e, tendo voltado, os encontrou pela segunda vez atordoados de sono.

Deixou-os novamente e, quando voltou pela terceira vez, disse: "Podem continuar dormindo. Minha hora chegou, está vindo aquele que me deve trair".

Enquanto dizia essas coisas, eis que se aproxima, à luz das tochas, um grupo de homens armados. Judas estava com eles e os havia avisado: "Aquele que eu beijar é ele, prendam-no". Aproximou-se de Jesus, dizendo: "Salve, Mestre", e o beijou. Jesus respondeu: "Amigo, com um beijo me trai?". Imediatamente os outros avançaram e prenderam Jesus.

A reação de Pedro foi violenta. Pegou uma espada e feriu um servo do sumo sacerdote, decepando uma orelha dele.

Mas Jesus disse: "Basta assim!". Tocou a ferida do servo e o curou. Depois, deixou-se levar embora.

Então todos o abandonaram e fugiram.

A TRAIÇÃO DE PEDRO

Conduziram Jesus à casa de Caifás, o sumo sacerdote, onde estavam reunidos os chefes dos sacerdotes, escribas e anciãos. Pedro o seguira de longe, até dentro do pátio do palácio, e agora estava sentado junto ao fogo entre os servos, atento àquilo que acontecia.

Os chefes dos sacerdotes procuravam um motivo para condená-lo à morte, e interrogaram muitas falsas testemunhas, mas não conseguiram encontrar nenhuma culpa para acusá-lo. Jesus continuava em silêncio. Não respondia a nenhuma pergunta dos seus acusadores.

Por fim, Caifás se levantou e lhe perguntou: "É você o Cristo, o filho de Deus?". Jesus respondeu: "Sim, eu sou". Então Caifás gritou: "Vocês todos ouviram? Blasfemou! Que necessidade temos ainda de testemunhas?". Todos responderam gritando: "À morte! À morte!". E cuspiram e bateram nele.

Entretanto, uma jovem serva se aproximou de Pedro, e, depois de tê-lo encarado atentamente, disse: "Eu já vi você. Você também estava com o Nazareno!". Pedro negou: "Não estou entendendo o que você diz!".

Ela, no entanto, insistia e dizia aos outros que aí estavam: "Eu o reconheci! É um deles". Pedro negou mais uma vez: "Garanto que você se engana!". Porém, um dos servos interveio: "É verdade. Também você é um deles: tem o mesmo sotaque". Então, Pedro, apavorado, disse: "Não! Juro que não! Eu não conheço esse homem".

Nesse instante o galo cantou. Pedro se recordou das palavras de Jesus: "Antes que o galo cante, você me negará três vezes".

E desatou a chorar.

DIANTE DE PILATOS

Aos primeiros clarões da aurora, Jesus foi entregue a Pôncio Pilatos, governador romano da Judeia. Nenhuma condenação à morte, com efeito, podia ser executada sem o consentimento dele.

Judas se encontrava em meio à multidão, e, vendo Jesus passar, foi tomado pelo remorso. Voltou aos chefes dos sacerdotes e disse: "Traí um inocente. Peguem de volta o dinheiro de vocês". Eles, porém, disseram: "Isso não nos importa. Faça com ele o que lhe parecer melhor". Então Judas jogou fora as trinta moedas, não suportava mais viver e foi enforcar-se.

Entretanto, Pilatos interrogava Jesus: "Você é o rei dos judeus?". Jesus respondeu: "Você está dizendo isso". "Acusam você de muitas coisas. O que tem a dizer em sua defesa?". Mas Jesus calava-se. Pilatos sabia que Jesus havia sido entregue por inveja, e buscava um modo de libertá-lo.

Era costume que durante as festas um condenado escolhido pelo povo fosse posto em liberdade. Nas prisões romanas havia um rebelde chamado Barrabás. Então, Pilatos se dirigiu ao povo apinhado fora do palácio do pretório e disse: "Quem vocês querem que eu liberte: Jesus ou Barrabás?". Mas o povo, incitado pelos chefes dos sacerdotes, gritou: "Barrabás!". Pilatos disse novamente: "O que querem que faça com aquele que vocês chamam de rei dos judeus?". "Crucifique-o", responderam.

E Pilatos: "Que mal fez ele?". "Crucifique-o", repetiram enfurecidos.

A multidão se agitava sempre mais e Pilatos, visto que nada conseguia, mandou trazer água e lavou as mãos diante de todos eles, dizendo: "Vou fazer como pedem. Porém, saibam que não sou responsável pela morte desse homem". Barrabás foi libertado e Jesus foi entregue aos soldados romanos, que o despojaram e o flagelaram até sangrar.

Quando terminaram, puseram-lhe aos ombros um manto vermelho, colocaram na cabeça dele uma coroa de sarças e espinhos entrelaçados e nas mãos um bastão por cetro e, por gozação, ajoelhavam-se diante dele, dizendo: "Salve, rei dos judeus!". Então tiraram dele o manto e o vestiram com suas roupas. Depois o fizeram carregar uma pesada cruz, e puseram-se a caminho do lugar da execução.

A CRUCIFIXÃO

Durante a subida para o Gólgota, grande multidão o seguia chorando, sobretudo as mulheres. Jesus caiu no chão várias vezes sob o peso da cruz. Então os guardas, para não perder tempo, detiveram um homem, certo Simão de Cirene, e o obrigaram a carregar a cruz em lugar de Jesus.

Quando chegaram ao lugar da execução, Jesus foi pregado à cruz, e, junto com ele, dois ladrões. Enquanto as cruzes eram erguidas, Jesus dizia: "Pai, perdoe-os. Não sabem o que estão fazendo". Os soldados e os chefes dos sacerdotes debochavam dele: "Vamos ver se agora você é capaz de salvar-se, ó rei dos judeus!".

Até um dos ladrões o insultava: "Veja a sua situação. Não dizia que você era o Salvador? Então, salve a si mesmo e salve a nós". O outro, ao contrário, o repreendia: "Daqui a pouco você estará morto e ainda se comporta dessa forma? Nós fomos condenados por causa das nossas culpas, mas ele é inocente". Depois, dirigindo-se a Jesus, disse: "Quando você estiver no seu reino, lembre-se de mim".

Jesus respondeu: "Hoje você estará no paraíso comigo".

Ao pé da cruz estava Maria, sua mãe, com um grupo de mulheres que lhe davam conforto e o mais jovem dos apóstolos, João. Dirigindo-se a Maria, disse: "Mulher, eis seu filho". E a João: "Eis a sua mãe". A partir desse momento, João tomou consigo Maria.

A MORTE DE JESUS

As horas passavam lentamente e na cruz Jesus sofria muitíssimo.

Desde o meio-dia, pretas nuvens haviam encoberto o sol e ficou escuro. Por volta das três horas da tarde, Jesus gritou: "Meu Deus, meu Deus, por que me abandonou?". Um soldado acorreu para dar-lhe de beber, estendendo-lhe com uma vara uma esponja embebida de vinagre. Jesus disse também: "Pai, nas suas mãos entrego o meu espírito". Depois deixou a cabeça pousar sobre o peito e expirou.

Nesse instante, a terra tremeu e a cortina do templo se rasgou pela metade. O centurião, vendo como Jesus morreu, exclamou: "Verdadeiramente esse homem era filho de Deus!".

O entardecer chegou. Era a vigília do grande descanso do sábado. José de Arimateia, um discípulo, apresentou-se corajosamente a Pilatos e pediu o corpo de Jesus para poder sepultá-lo. Pilatos o permitiu. Então, auxiliado por Nicodemos, aquele que fora encontrar Jesus de noite, desceram o corpo da cruz, o envolveram em lençóis de linho e o depositaram num túmulo escavado na rocha.

A seguir, fizeram rolar sobre a entrada uma pedra enorme.

As mulheres que haviam seguido Jesus até a cruz ficavam observando.

O TÚMULO VAZIO

No dia após o sábado, bem cedo, as mulheres foram visitar o túmulo com óleos aromáticos para embalsamar o corpo. Encontraram a pedra removida e o túmulo vazio. Abaladas, correram logo para avisar os discípulos, mas somente Pedro e João lhes deram atenção e correram ao túmulo. Ao entrar, viram frouxos os lençóis que envolveram Jesus, como se o corpo dele tivesse saído sem desarrumá-los, mas nenhum vestígio de Jesus. E cheios de espanto voltaram para casa.

Enquanto isso, Maria de Magdala, mulher que Jesus libertara de grandes sofrimentos, estava à entrada do túmulo e chorava.

Entre lágrimas, viu dois anjos vestidos de branco sentados onde estivera deposto o corpo.

"Mulher, por que está chorando?", lhe perguntaram. "Levaram o meu Senhor e não sei onde está", respondeu e, voltando-se, viu Jesus de pé à frente dela, porém não o reconheceu.

"Mulher, por que está chorando? Quem você está procurando?", perguntou-lhe Jesus. Maria, pensando que fosse o guarda daquele lugar, disse: "Se você o levou embora, eu lhe peço: diga-me onde o colocou".

Então Jesus a chamou pelo nome: "Maria!". Ela caiu de joelhos e estendeu as mãos para ele, dizendo: "Mestre!".

Jesus, porém, lhe disse: "Não me detenha, ainda não subi ao Pai. Vá aos meus irmãos e diga a eles: 'Subo ao meu Pai e Pai de vocês, Deus meu e Deus de vocês'". Maria de Magdala correu aos discípulos para anunciar: "Vi o Senhor".

NA ESTRADA PARA EMAÚS

Depois desses acontecimentos, dois discípulos decidiram voltar para casa, em Emaús, aldeia pouco distante de Jerusalém. Enquanto discutiam animadamente entre si, aproximou-se um viajante. Era Jesus, porém não o reconheceram. Escutou-os por certo tempo e depois perguntou: "Qual é o assunto da conversa de vocês?".

Eles o olharam tristes. Um deles, chamado Cléofas, disse: "Você é o único que não sabe aquilo que aconteceu nestes dias. Em Jerusalém não se fala de outra coisa!". Depois continuou: "Estávamos falando de Jesus de Nazaré, um grande profeta. Os chefes dos sacerdotes e as autoridades romanas o condenaram à morte e crucificaram. Nós esperávamos que fosse ele o libertador de Israel. Esta manhã, algumas mulheres nos abalaram: sustentam tê-lo visto vivo. Nossos amigos foram ao túmulo, mas o encontraram vazio e ele desapareceu".

O viajante disse: "Vocês são uns tolos! Não compreendem que o Salvador devia passar por essas provações para cumprir sua missão?". E começou a explicar as passagens das Escrituras que se referiam a ele.

Os dois o escutavam atentamente e, à medida que o viajante falava, a amargura e a decepção se transformavam num sentimento de paz.

Quando estavam perto da aldeia, o viajante deu a entender que continuaria. Mas eles desejavam ainda a sua companhia e disseram: "Fique conosco, logo estará escuro".

Ele aceitou e os seguiu até a casa, prepararam algo para comer e se puseram à mesa. Então Jesus tomou o pão, recitou a oração de bênção, partiu-o e o deu a eles.

Naquele instante o reconheceram, mas ele já havia desaparecido da vista deles.

Não tinham dúvidas. Era Jesus! Estava vivo!

Esqueceram o cansaço e voltaram apressados a Jerusalém para anunciá-lo aos outros. Foram ao local onde os apóstolos e os outros discípulos estavam reunidos e os encontraram num estado de grande agitação. "O Senhor ressuscitou verdadeiramente! Apareceu a Simão!", disseram quando viram entrando os dois de Emaús. A seguir, Cléofas e seu companheiro contaram haver encontrado Jesus pelo caminho, reconhecendo-o na partilha do pão.

AS DÚVIDAS DE TOMÉ

Enquanto ainda estavam reunidos naquela casa, com as portas trancadas por medo dos guardas, Jesus apareceu no meio deles, dizendo: "A paz esteja com vocês". Os discípulos o olhavam atordoados.

Jesus disse: "Não tenham medo, sou eu. Não sou um fantasma. Toquem-me". Agora sorriam, felizes, mas ainda não ousavam acreditar que fosse de fato ele.

Então Jesus disse: "Vocês têm algo para comer?". Deram-lhe uma porção de peixe grelhado e ele o comeu à frente deles.

Tomé, um dos apóstolos, não estava com eles naquele momento. Quando os amigos lhe contaram tudo o que acontecera, replicou: "Até que eu mesmo não veja os sinais dos pregos e não toque suas feridas, não acreditarei nas palavras de vocês".

Oito dias depois, estavam novamente em casa, e desta vez estava também Tomé. Jesus veio novamente entre eles: "A paz esteja com vocês". A seguir, dirigiu-se a Tomé, dizendo: "Ponha sua mão nas minhas feridas e creia em mim".

Tomé respondeu: "Meu Senhor e meu Deus!".

Jesus disse: "Você acreditou porque me viu! Felizes aqueles que creram em mim sem ter visto".

NOVAMENTE À MARGEM DO LAGO

Os apóstolos voltaram para a Galileia, à beira do lago de Tiberíades. Sentiam necessidade de refazer a própria história com Jesus, a partir do lugar no qual a amizade com ele havia começado.

Uma tarde Pedro disse aos outros: "Vou pescar". Eles partiram com Pedro na barca, porém naquela noite nada apanharam.

Nos primeiros clarões do amanhecer, viram um homem à margem que lhes perguntou: "Vocês têm algo para comer?". Responderam-lhe que não.

O homem disse: "Lancem a rede do lado direito da barca".

Fizeram como dissera e a rede ficou cheia de peixes. Então João o reconheceu: "É o Senhor". Pedro se jogou na água, alcançando a nado

a margem, e os outros o seguiram com a barca repleta de peixes.

Na praia, Jesus acendera o fogo. Havia peixe sendo assado e pão já pronto. Jesus disse: "Tragam um pouco daquele peixe que acabaram de pescar e venham comer algo".

Sentaram-se em silêncio ao redor do fogo, e Jesus deu-lhes de comer. Olhavam-no cheios de alegria e ninguém ousava perguntar-lhe: "É de fato você?". O coração deles sabia com certeza que ele era o Senhor.

Depois que comeram, Jesus se dirigiu a Pedro, dizendo: "Pedro, você me ama mais que todos eles?". Pedro lhe respondeu: "Com certeza, Senhor, você sabe que lhe quero bem". Mais uma vez Jesus perguntou: "Pedro, você me ama?". Então Pedro se lembrou de quando por três vezes fingira não conhecê-lo e disse: "Senhor, você sabe tudo. Sabe que, não obstante aquilo que sou e aquilo que fiz, eu gosto de você".

Jesus disse: "Cuide das minhas ovelhas, eu as confio a você".

A ASCENSÃO DE JESUS

Depois da sua ressurreição, Jesus apareceu muitas vezes a seus discípulos.

Depois de quarenta dias, foram a um monte da Galileia que Jesus lhes havia indicado.

Quando o viram, inclinaram-se e Jesus falou com eles pela última vez: "Agora vão e anunciem o meu reino a todos os povos da terra. Batizem-nos no nome do Pai, do Filho e do Espírito Santo e ensinem também a eles tudo aquilo que ordenei a vocês. Não deixarei vocês sozinhos; estarei com vocês todos os dias, até o fim do mundo".

Enquanto dizia estas palavras, Jesus se ergueu da terra e subiu ao céu, até que uma nuvem o escondeu da visão deles.

O PENTECOSTES

Depois que Jesus subiu ao céu, os apóstolos voltaram a Jerusalém. Com Maria e os outros discípulos, habituaram-se a reunir-se para rezar na grande sala na qual haviam ceado com ele pela última vez, sala que se tornara a casa comum deles.

O Senhor lhes havia recomendado ficar à espera do seu dom maior, o Espírito Santo.

Por sugestão de Pedro, decidiram eleger um novo apóstolo para ocupar o lugar de Judas, de modo que o grupo daqueles que por primeiro haviam seguido a Jesus fosse novamente de doze.

Foram propostos dois: José, chamado Justo, e Matias. Em seguida, rezaram assim: "Senhor, você que conhece o coração de todos, mostre-nos qual dos dois você escolheu". Tiraram a sorte e ela caiu em Matias, que a partir desse momento foi associado ao número dos apóstolos.

Cinquenta dias após a Páscoa encontravam-se juntos.

Era o dia de Pentecostes, a festa durante a qual os judeus recordam o dom da aliança com o Senhor e a entrega das tábuas da lei.

De repente, levantou-se um vento impetuoso seguido pelo estrondo de um trovão. Um fogo iluminou a sala e do fogo muitas chamas se destacaram e pousaram sobre cada um deles. Era o Espírito Santo prometido por Jesus.

Então saíram sem mais qualquer medo e anunciaram as grandes obras de Deus das quais haviam sido testemunhas.

Mas as maravilhas não tinham acabado. Atraída por todo aquele barulho, grande multidão se reunira ao redor da casa. Muitos eram estrangeiros que foram a Jerusalém, vindos de todos os cantos do Mediterrâneo para a festa de Pentecostes. Falavam línguas e dialetos diferentes, apesar disso, cada um deles ouvia os apóstolos falando na própria língua. "Como é possível?", comentavam entre eles muito admirados. Outros diziam: "Provavelmente estão bêbados!".

Também os apóstolos compreendiam as línguas dos estrangeiros, e Pedro tomou a palavra: "Não estamos bêbados! Estamos falando de Jesus, o Salvador anunciado pelos profetas, crucificado e ressuscitado dos mortos. Nele o Senhor realizou a promessa feita a nossos antepassados. Convertam-se e façam-se batizar. Receberão vocês também o dom do Espírito Santo".

Nesse dia, muitos creram e foram batizados.

ESTÊVÃO, A PRIMEIRA TESTEMUNHA

Os discípulos de Jesus viviam juntos com alegria e simplicidade de coração: escutavam o ensinamento dos apóstolos, rezavam e partiam o pão em memória dele. Ninguém deles era pobre: cada qual punha à disposição aquilo que podia, e o fruto da caridade era distribuído pelos apóstolos segundo a necessidade de cada um.

Quando o número dos cristãos aumentou, alguém começou a queixar-se porque se sentia esquecido. Então os apóstolos convocaram uma assembleia e disseram: "Irmãos, não podemos cuidar de tudo sozinhos. Procurem entre vocês alguns homens que sejam benquistos por todos, aos quais confiar os problemas diários e a assistência dos necessitados. Nós, em vez disso, continuaremos explicando a Palavra de Deus". Todos concordaram, e para essa tarefa escolheu-se um grupo de sete homens chamados diáconos, que significa "aqueles que servem".

Estêvão, um dos sete diáconos, logo se distinguiu em relação aos outros; fazia milagres e prodígios no meio do povo sustentado pela força do Espírito Santo. Muitos, ouvindo-o ensinar, convertiam-se à fé em Jesus ressuscitado.

Por ódio e inveja, alguns lançaram contra Estêvão acusações falsas: "Ele blasfema e fala contra a lei!". E o arrastaram ao tribunal dos sacerdotes.

"É verdade aquilo que andam dizendo?", perguntou-lhe o sumo sacerdote. Estêvão respondeu: "Vocês receberam a lei e não a praticam. Sequer reconheceram em Jesus o Salvador, o Senhor da vida". Depois, olhando para o céu, acrescentou: "Estou vendo os céus abertos e o Filho do homem à direita de Deus". Então, seus inimigos, cheios de raiva, avançaram gritando contra ele, o agarraram, o conduziram fora da cidade e começaram a apedrejá-lo.

Um jovem, chamado Saulo, cuidava dos mantos dos assassinos. Entretanto, Estêvão rezava: "Senhor Jesus, receba o meu espírito".

Depois, caindo no chão, gritou: "Senhor, perdoa-lhes este pecado". E morreu, testemunhando com a vida sua fé em Jesus.

DEUS NÃO TEM PREFERÊNCIAS

Depois da morte de Estêvão, os cristãos de Jerusalém foram perseguidos. Também Saulo os caçava, indo prendê-los de casa em casa. Muitos foram obrigados a deixar a cidade, mas aonde fossem continuavam anunciando a boa notícia de Jesus. Entre eles achava-se Filipe, um diácono que fazia milagres e curas em nome de Jesus nas cidades da Samaria, pouco amadas pelos judeus.

Certo dia, enquanto estava a caminho, pela estrada encontrou um carro e ouviu um homem lendo um trecho de Isaías: "Como cordeiro foi conduzido ao matadouro, como ovelha muda diante dos seus tosquiadores não abriu a boca". Era um etíope. Ministro da rainha da Etiópia e administrador de todos os seus tesouros. "Você compreende aquilo que está lendo?", perguntou-lhe Filipe. "Como posso compreender se ninguém me explica?", respondeu o etíope. Por sugestão do Espírito, Filipe subiu ao carro e lhe falou de Jesus.

O etíope escutava atento e, quando o carro passou perto de um curso de água, parou e disse a Filipe: "O que estamos esperando? Batize-me!". Os dois desceram até a água e Filipe o batizou. Em seguida, cheio de alegria, o etíope seguiu seu caminho, levando o anúncio de Jesus à Etiópia.

A comunidade dos fiéis se enriquecia sempre mais com rostos e experiências diferentes.

Naquele tempo, em Cesareia, junto ao mar, vivia um centurião romano chamado Cornélio. Era homem bom, dava muitas esmolas e rezava a Deus. Certo dia, um anjo lhe apareceu, dizendo-lhe: "Cornélio! Deus ouviu suas orações e se lembrou de você. Mande seus servos buscarem um tal Simão, chamado Pedro, e escute o que ele vai lhe dizer".

Poucos dias depois, os servos voltaram acompanhados por Pedro. Cornélio o esperava com toda a sua família e amigos mais queridos. Quando o viu, foi ao seu encontro, dizendo: "Estamos aqui para escutar aquilo que o Senhor tem para dizer-nos".

"Agora compreendo que Deus não tem preferência de pessoas, mas acolhe quem o ama e pratica a justiça, seja qual for a nação a que pertence", disse Pedro, e falou a respeito de Jesus morto e ressuscitado para a salvação da humanidade. Enquanto estava falando, o Espírito Santo desceu sobre os ouvintes. "Se vocês receberam o Espírito, quem pode impedir que também sejam batizados em nome de Jesus?". E assim fez.

A CONVERSÃO DE SAULO

Saulo era implacável na perseguição dos discípulos de Jesus. Chegou a ponto de pedir ao sumo sacerdote licença para ir a Damasco prender os cristãos da cidade, a fim de conduzi-los presos a Jerusalém.

Estando em viagem para Damasco, repentinamente foi ofuscado por grande luz. Caiu por terra e ouviu uma voz que dizia: "Saulo, Saulo, por que você me persegue?". Respondeu: "Quem é você, Senhor?". E a voz: "Eu sou Jesus, a quem você persegue". Os companheiros de Saulo estavam atordoados, olhavam em volta deles sem compreender de onde vinha a voz. Saulo se levantou, mas percebeu que tinha ficado cego. Pela mão, ele se fez conduzir a Damasco, onde por três dias ficou ali rezando sem comer nem beber. Em Damasco vivia Ananias, um discípulo de Jesus. O Senhor lhe apareceu, dizendo: "Vá procurar um tal de nome Saulo. Está cego. Quero que você o cure". Ananias respondeu: "Senhor, conheço esse homem. Provocou muitos males em nossos irmãos de Jerusalém e agora está aqui para fazer o mesmo conosco".

Mas o Senhor lhe disse: "Faça como estou lhe dizendo. Eu o escolhi para que faça conhecer meu nome a todos os povos da terra".

Ananias obedeceu, apresentou-se diante de Saulo, pôs-lhe as mãos sobre a cabeça e disse: "Irmão, Jesus me mandou a você para que readquira a visão e esteja repleto do Espírito Santo". Imediatamente dos olhos de Saulo caiu algo parecido com escamas, e ele voltou a enxergar.

Foi batizado e, a partir desse momento, nunca mais se separou de Jesus.

AS VIAGENS DE PAULO

A partir do momento que Jesus lhe revelara ser uma só coisa com os cristãos que ele perseguia, Saulo não desejou outra coisa a não ser tornar seu nome conhecido em todos os lugares. Percorreu a pé as estradas do Império Romano, viajou por mar, com diferentes companheiros, indo de cidade em cidade anunciar que Jesus era o Salvador. Assumiu também o nome de Paulo, nome comum no mundo grego e romano, a fim de tornar mais fáceis os relacionamentos com todos os que encontrava. Novas comunidades cristãs nasceram da sua pregação, e a essas mulheres e a esses homens, que considerava como filhos, Paulo escreveu algumas belíssimas cartas para fazer sentir sua proximidade e sustentá-los na fé.

Entre suas comunidades mais queridas, recordamos a de Corinto, a grande cidade grega famosa por seu porto, mas também por sua corrupção. Em Corinto, a população era constituída por mercadores, artesãos, escravos, marinheiros e aventureiros procedentes de todos os cantos do mundo. Quando Paulo ali chegou pela primeira vez, bateu à porta do ateliê de Áquila e Priscila, casal que confeccionava tendas, para pedir trabalho e poder manter-se. Foi o começo de uma amizade que durou a vida inteira. "Não tenha medo", dissera-lhe o Senhor. "Eu estou com você. Nesta cidade há muita gente esperando por mim". Em pouco tempo, aquele pequeno grupo de amigos se tornou uma comunidade numerosa.

Aos amados cristãos de Corinto, Paulo escrevia: "Irmãos, sejam alegres, corrijam-se e encorajem-se uns aos outros nas dificuldades, vivam em harmonia e permaneçam em paz, e o Deus do amor e da paz estará com vocês".

A JERUSALÉM CELESTE

Passaram-se muitos anos do dia em que os apóstolos, após ter recebido o dom do Espírito Santo, haviam começado a anunciar a todas as pessoas a palavra de Jesus. Pedro e Paulo foram mortos em Roma, executados durante as perseguições. Também os apóstolos, espalhados pelo mundo, haviam morrido dando testemunho da própria fé.

Apenas um sobrevivia, João, já muito idoso e exilado na ilha de Patmos, no mar Egeu.

Para confortar aqueles que ainda sofriam por causa da violência e da injustiça, João escreveu um livro chamado Apocalipse. Livro misterioso, que contém símbolos, sonhos e visões referentes à história do mundo.

Na visão de João, grande batalha se desenrolava no céu entre as forças do bem e as do mal. A batalha se encerrava com o triunfo do Cordeiro, símbolo de Jesus, que sacrificou a si mesmo por amor às pessoas e, ressuscitando, derrotou a morte. Agora o mundo aparecia como novo, recém-criado. Do céu descia a cidade santa, Jerusalém, resplandecente de luz como uma joia, tendo no centro o trono do Cordeiro. Um rio de água viva, límpida como cristal, brotava do trono e curava as terras que atravessava.

Uma voz poderosa dizia: "Eis a casa de Deus entre as pessoas! Deus habitará com eles. Enxugará as lágrimas dos olhos deles e não haverá mais morte, luto e gritos de dor, pois as coisas anteriores passaram".

SUMÁRIO

ANTIGO TESTAMENTO

A criação	10	O primeiro rei	68
Adão e Eva no jardim	12	Davi, o pastor	69
Caim e Abel	14	A derrota do gigante Golias	70
O grande dilúvio	16	O fim de Saul	72
A torre de Babel	19	Davi, rei de Israel	74
Abraão olha o céu	21	A rebelião de Absalão	76
Os três visitantes	22	Salomão, um rei sábio	78
O sacrifício de Isaac	24	A construção do templo	80
Jacó e Esaú	26	A rainha de Sabá	82
A luta na escuridão	28	O reino dividido	84
José e seus irmãos	30	O profeta Elias	85
Os sonhos do faraó	32	Os sacerdotes de Baal	86
Os filhos de Israel no Egito	34	Elias no deserto	88
Moisés, salvo das águas	36	O carro de fogo	90
Uma sarça que arde	39	O profeta Oseias	92
Os castigos	40	O profeta Isaías	93
A Páscoa	42	O profeta Jeremias	94
No deserto	44	Tobit e seu filho Tobias	96
As dez palavras	46	Jonas	100
O bezerro de ouro	48	Judite	104
A arca da Aliança	49	Daniel	106
A terra de Canaã	50	Os três jovens na fornalha	108
Josué, o condutor	52	Daniel e os leões	110
A conquista de Jericó	54	A rainha Ester	112
Na terra prometida	56	As cítaras emudecidas	116
Os juízes	57	A volta a Jerusalém	117
Gedeão	58	O sábio Eleazar	118
Sansão	60	A festa das luzes	120
Rute, a moabita	64	Deus fiel	122
Samuel é chamado por Deus	66		

NOVO TESTAMENTO

Zacarias e Isabel	127	Uma visita noturna	185
Maria recebe uma notícia	128	A mulher junto ao poço	186
Uma visita inesperada	130	Um homem na árvore	189
O casamento de Maria e José	132	O cego Bartimeu	191
Jesus nasce em Belém	134	Jesus chora por um amigo	192
Simeão e Ana	137	A pecadora perdoada	194
A estrela dos magos	138	O azeite aromático	195
A fuga para o Egito	140	Hosana ao filho de Davi	196
Jesus no templo	142	O lava-pés	198
O batismo de Jesus	144	O pão e o vinho	200
Com o diabo no deserto	146	No monte das Oliveiras	202
Jesus escolhe doze amigos	148	A traição de Pedro	204
Uma festa de casamento	152	Diante de Pilatos	206
As bem-aventuranças	154	A crucifixão	208
Jesus cura os doentes	156	A morte de Jesus	210
A tempestade no lago	160	O túmulo vazio	212
Cinco pães e dois peixes	162	Na estrada para Emaús	214
Jesus se transfigura	164	As dúvidas de Tomé	216
A dor de uma mãe e de um pai	166	Novamente à margem do lago	218
O semeador	169	A ascensão de Jesus	220
O Reino dos céus é como...	170	O Pentecostes	222
O bom samaritano	172	Estêvão, a primeira testemunha	224
A ovelha perdida	174	Deus não tem preferências	226
Os dois filhos	176	A conversão de Saulo	228
Os talentos	178	As viagens de Paulo	230
As duas casas	181	A Jerusalém celeste	232
Jesus e as crianças	182